DAS

EVANGELIUM MARCI

ÜBERSETZT UND ERKLÄRT

VON

J. WELLHAUSEN

ZWEITE AUSGABE

WIPF & STOCK · Eugene, Oregon

Wipf and Stock Publishers
199 W 8th Ave, Suite 3
Eugene, OR 97401

Das Evangelium Marci
Ubersetzt und Erklart von J. Wellhausen
By Wellhausen, J.
ISBN 13: 978-1-60608-678-0
Publication date 4/27/2009
Previously published by Druck und Verlag von George Reimer, 1909

Einleitung. § 1—4.

§ 1. 1, 1–8 (Mt 3, 1–12. Lc 3, 1–17).

Anfang des Evangeliums von Jesu Christo. [² Wie geschrieben steht im Propheten Esaias: Siehe ich sende meinen Boten vor dir her, der dir den Weg bereiten soll; ³ eine Stimme ruft in der Wüste: bahnt dem Herrn die Straße, macht ihm die Wege grade!] ⁴ Johannes der Täufer trat auf in der Wüste und predigte die Taufe der Buße zur Vergebung der Sünden. ⁵ Und das ganze jüdische Land und alle Jerusalemer gingen zu ihm hinaus und ließen sich von ihm taufen im Jordanfluß und bekannten ihre Sünden. ⁶ Und Johannes hatte ein Kamelfell um und aß Heuschrecken und wilden Honig. ⁷ Und er verkündete: mir folgt ein Stärkerer, dessen Schuhriemen gebückt zu lösen ich nicht wert bin; ⁸ ich taufe euch mit Wasser, der aber wird mit heiligem Geiste taufen.

1, 1. „Incipit evangelium Jesu Christi" muß der Sinn sein, mag ein solches Exordium in der griechischen Literatur schon so früh nachgewiesen werden können oder nicht. Es ist der Titel des Ganzen, das hier seinen Anfang nimmt. Jesus ist nicht der Verkünder, sondern der Inhalt des Evangeliums. C h r i s t u s , der Gesalbte, ist eigentlich Appellativ für den nationalen König der Juden, in späterer Zeit für den erhofften, der das Reich Davids herstellen sollte. Aber in J e s u s C h r i s t u s ist es bereits Teil eines Eigennamens geworden und hat darum den Artikel verloren — wie Adam Gen 5, 1. So auch 9, 41.

1, 2. 3. Das vorangeschickte und gemischte Citat befremdet. Mc führt sonst niemals von sich aus eine Alttestamentliche Weissagung an, und hier würde er noch über Matthäus und Lukas hinausgehn, mit denen er die Veränderung von τοῦ θεοῦ ἡμῶν in αὐτοῦ ge-

mein hat. Man wird mit Lachmann, Weiße (Ev. Gesch. 1, 258) und
Ewald die zwei Verse als zugesetzt betrachten müssen, obwohl sie
ganz fest bezeugt und alt sind. Der Sinaiticus hat καί vor ἐγένετο
am Anfang von Vers 4.

1, 4. 5. „Johannes der Täufer trat auf in der Wüste, indem er
predigte." So nach Matthäus und Lukas und auch nach Joa 1, 6
(ἐγένετο = trat auf). Die gemeinte Wüste ist die Araba am Jordanfluß; zur Taufe gehörte fließendes, nicht abgeschnittenes Wasser.
Der Täufling wird nicht untergetaucht, sondern taucht sich selber
unter; das griechische Passivum ist in der Ursprache ein intransitives
Activum. Die Passivkonstruktion mit Nennung des handelnden
Subjekts (ὑπό) fällt schon an sich bei Mc auf; sehr bemerkenswerter-
weise heißt es Lc 3, 7 im Cantabrigiensis ἐνώπιον αὐτοῦ statt ὑπ' αὐτοῦ.
Gemeint ist jedenfalls nur, daß die Leute unter den Augen des Täufers,
auf sein Geheiß und in seinem Sinn, sich dem Akte unterzogen. Darum
wird auch in Vers 4 korrekt gesagt, nicht: Johannes taufte, sondern:
er p r e d i g t e die Taufe der Buße, d. h. er rief dazu auf. Durch den
Genitiv wird die Johannestaufe von der jüdischen Proselytentaufe
unterschieden. Die Proselytentaufe, ein einmaliger Akt der Reinigung
und Weihe, das Zeichen eines neuen Anfangs, machte den Heiden
durch Abwaschung des heidnischen Schmutzes zum Juden. Nach
Johannes aber bedarf der Jude selber noch einer Taufe als Initiation
einer inneren Umwandlung — gerade so wie Jeremias von den Beschnit-
tenen noch die Beschneidung des Herzens verlangt. Nicht bloß die
Buße, sondern auch die Beichte ist nach Vers 5 mit der Taufe
Johannis verbunden; vgl. dagegen Josephus Antiq. 18, 118 und Strauß
(1835) 1, 322.

1, 6. Die Latina (Vercell.) und der Cantabrigiensis bieten δέρριν
καμήλου für τρίχας κ. und lassen καὶ ζώνην δερματίνην περὶ τὴν ὀσφὺν
αὐτοῦ aus. Die gewöhnliche Lesung wird aus Mt 3, 4 eingetragen
sein. Matthäus will nicht bloß mildern, sondern vor allem den Täufer
als zweiten Elias erscheinen lassen, auch in der Tracht. Er hat die
ζώνη δερματίνη aus 2 Reg 1, 8, und eben daher auch die τρίχας κ.,
indem er den hebräischen Ausdruck b a a l s e a r nach Zach 13, 4
als einen Mann mit härenem Mantel versteht. Dieser kann jedoch
nicht anders aufgefaßt werden als i s c h s e a r Gen 27, 11; mit Recht
übersetzt die Septuaginta ἀνὴρ δασύς. Mit δέρρις καμήλου ist trotz
der Septuaginta zu Zach 13, 4 (δέρρις τριχίνη) kein aus Kamelwolle

gewebtes Gewand gemeint, sondern die pellis cameli (Latina).
Die arabische f a r v a besteht aus dem Kopffell mit dem Haar.
1, 7. 8. Bei Mc motiviert Johannes seine Aufforderung zur Buße
nicht durch den bevorstehenden Tag des Zorns. Er weist auch nicht
auf den einer ungewissen Zukunft angehörigen Messias hin, der das
Strafgericht abhalten werde, sondern lediglich auf den historischen
Jesus als seinen überlegenen Nachfolger, der nicht mit Wasser taufen
werde, sondern mit heiligem Geiste. Die Taufe mit Geist ist eine
Taufe ohne Wasser, d. h. gar keine wirkliche Taufe, sondern ein Er-
satz derselben durch etwas Besseres, durch die Verleihung des Geistes,
welche als das Eigentümliche der Wirksamkeit Jesu erscheint. Wasser
und Geist stehn hier in ausschließendem Gegensatze. Später wurde
dieser so ausgeglichen, daß eine christliche Taufe mit Wasser u n d
Geist entstand. In Wahrheit hat die christliche Gemeinde die Taufe
erst nach des Meisters Tode von den Johannesjüngern übernommen.
— Οὗ . . . αὐτοῦ ist semitisch, wie ἧς . . . αὐτῆς 7, 25, ebenso das Präteritum ἐβάπτισα, welches Matthäus (3, 11) mit Recht als Präsens
versteht. Im Sin. fehlt das zweite ὑμᾶς in Vers 8.

§ 2. 1, 9–11 (Mt 3, 13–17. Lc 3, 21. 22).

Und es geschah in jenen Tagen kam Jesus von Nazareth in
Galiläa und wurde von Johannes im Jordan getauft. ¹⁰ Und sobald er aus dem Wasser aufstieg, sah er, wie der Himmel sich
spaltete und der Geist wie eine Taube auf ihn herab kam ¹¹ und
eine Stimme vom Himmel (erscholl): du bist mein geliebter Sohn,
dich habe ich erwählt.

Das bei Mc so beliebte εὐθύς erscheint hier zum ersten Male;
es bezieht sich nicht auf das Particip, vor dem es steht, sondern auf
das folgende Hauptverbum; so auch in anderen Fällen. An stelle
der Salbung, die zum Begriff des Messias gehört, tritt bei Jesus die
Taufe. Mit ihr beginnt seine Messianität. Indessen ist dieselbe bei
Mc vorläufig nur latent, nur ihm selbst bewußt — bis zum Petrusbekenntnis und zur Verklärungsgeschichte. Denn in bezeichnendem
Unterschiede zur Verklärungsgeschichte sieht bei der Taufe n u r
J e s u s den Geist auf sich herabkommen, und nur er hört die Stimme,
die i h n a n r e d e t und nicht wie 9, 7 zu Anderen über ihn zeugt.
Ἐγένετο 1, 11 fehlt in den Codd. Sin. und Cantabr., deren Überein-

stimmung großes Gewicht hat; das unkonstruierbare φωνή (ohne ἰδού) wird ursprünglich Objekt zu εἶδεν gewesen sein, aus dem das allgemeinere „er vernahm" zu verstehn dem Leser überlassen bleibt. Obwohl aber nur Jesus den Vorgang sieht und hört, soll derselbe doch nicht als unwirklich vorgestellt werden. Die Meinung ist, daß der Geist wirklich auf ihn herabkommt. Er erscheint in Gestalt einer Taube, wie Lukas richtig versteht; vgl. zu Joa 1, 31. Nach Isa 61, 1 wird der Geist durch die Salbung übertragen.

Sohn Gottes heißt in der Sapientia jeder Fromme, wie denn auch jeder Jude Gott als Vater anredet. Aber von der allgemeinen Gotteskindschaft, überhaupt von einem ethischen Verhältnis, ist hier keine Rede. Der Sohn Gottes insonderheit ist Israel u n d der König von Israel. Das Volk und sein Vertreter stehn auf gleicher Linie, Israel wird der Messias genannt, und umgekehrt werden Prädikate Israels auf den Messias übertragen. Der eigentliche Name ὁ χριστός wird auf den irdischen Jesus nur mit Zurückhaltung angewendet und lieber durch Epitheta vertreten: ein solches Epitheton ist auch „der Sohn Gottes." ῾Ο υἱός μου ὁ ἀγαπητός bedeutet nicht „mein lieber Sohn", sondern „mein bevorzugter Sohn". Richtig wird es von der Latina zu Mc 12, 6 superlativisch gefaßt und von Lc 9, 35 durch ἐκλελεγμένος erklärt. In 4 Esdrae 6, 58 sind die Ausdrücke p r i - m o g e n i t u s , u n i g e n i t u s und c a r i s s i m u s synonym.

§ 3.   1, 12. 13 (Mt 4, 1–11. Lc 4, 1–13).

Und alsbald trieb ihn der Geist hinaus in die Wüste, [13] und er war vierzig Tage in der Wüste, indem er vom Satan versucht wurde, und er war bei den Tieren und die Engel brachten ihm zu essen.

Vgl. 1 Reg. 18, 12. Nach Mc geben die Engel Jesu während der vierzig Tage zu essen; sie erscheinen nicht erst, nachdem der Versucher abgetreten ist. Die Tiere sind die Staffage der menschenlosen Wüste; ob sie hier noch etwas Weiteres zu bedeuten haben, stehe dahin. Die Versuchung tritt nicht gerade als der Zweck des Ganzen hervor, auf ihr Wie wird nicht eingegangen. Vor πειραζόμενος ist zu interpungieren.

§ 4.   1, 14. 15 (Mt 4, 12−17. Lc 3, 19. 20. 4, 14. 15).

Und nachdem Johannes gefangen gesetzt war, kam Jesus
nach Galiläa und predigte das Evangelium Gottes, [15] indem er
sagte: die Zeit ist erfüllt und das Reich Gottes steht nah bevor,
tut Buße und glaubt an das Evangelium.

Παραδιδόναι hat einen ähnlichen technischen Sinn wie ἀπάγειν.
Jesus tritt erst auf, als Johannes nicht mehr wirken kann. Und
zwar geradeso wie dieser, nämlich nicht als Messias und Bringer des
Gottesreichs, sondern als Prediger der Buße im Hinblick auf das
bevorstehende Gottesreich. Das Wort μετάνοια ist unjüdisch, obgleich
es sich ein paarmal bei Sirach findet; das aramäische Äquivalent ist
t û b = hebr. s c h û b.   S c h û b û ist der Ruf schon der älteren
Propheten; auf griechisch aber fordert Jonas nach Mt 16, 41 zur
μετάνοια auf. Wie die Propheten, so haben auch Johannes und Jesus
eine Umkehr d e s V o l k e s im Auge, nicht bloß einzelner Individuen,
am wenigsten auch solcher, die nicht zum jüdischen Volk gehören.
Denn für das Reich Gottes ist nur Israel bestimmt.

Indem Jesus das bevorstehende Reich Gottes als Motiv zur Buße
benutzt, kehrt auch er im Gegensatz zu dem Optimismus der Juden
die drohende Seite des großen Ereignisses hervor, ebenso wie der
Täufer und wie schon Amos und seine Nachfolger.   Die Formel „gekommen ist die Zeit, nahe ist der Tag" findet sich auch bei Ezechiel,
Sephania und Joel; sie kehrt wieder bei Muhammed, der ebenfalls
als Warner vor der nahen Stunde (Sura 53, 58. 54, 1) auftritt. Aber
wie kann die Bußpredigt als frohe Botschaft bezeichnet werden?
Das Evangelium und der Glaube an das Evangelium setzen ganz
plötzlich ein, ohne daß Jesus sich darüber expliciert. Für die Juden,
zu denen er redete, mußten diese Begriffe völlig unverständlich sein.
Sie gehören in die apostolische Predigt, hier sind sie verfrüht.

Mehr als eine Wiedergabe des allgemeinen Inhalts der Predigt
Jesu durch Mc hat man in 1, 15 nicht zu sehen. Lukas hat sie an
dieser Stelle weggelassen und dafür anderswo gelegentlich eingestreut.
Man darf sich aber auch nicht etwa vorstellen, daß Jesus mit dem
Ruf „Bekehrt euch, das Reich Gottes steht vor der Tür!" durch das
Land gezogen sei. In der galiläischen Periode hat er nach Mc überhaupt
nicht grade bestimmte Ankündigungen wiederholt, sondern in unge-
zwungenem Wechsel dies und jenes gelehrt, je nach Gelegenheit und Be-

dürfnis ex tempore aus seinem Schatz hervorholend, was ihm der
Geist eingab und was die Leute brauchen konnten. Er gab dabei
keine Parole aus, schärfte nicht fest formulierte Sätze immer wieder
ein, bis daß den Hörern die Ohren gellten. Mit Buddha hatte er in
dieser Beziehung so wenig Ähnlichkeit wie mit den Rabbinen. Er
war frei von aller Schulmeisterei. Er war nicht darauf bedacht, seine
Worte dem Gedächtnis einzuprägen, wenn sie sich nicht in die Seele
senkten und dort Wurzel schlugen. Vgl. Weiße, Ev. Geschichte 1, 315s.

I. Jesus in Kapernaum. § 5—29.

Hier beginnt nach der Einleitung der erste Teil. Er zerfällt in
vier Gruppen: § 5—9, § 10—18, § 19—24, § 25—29.

§ 5. 1, 16—20 (Mt 4, 18—22. Lc 5, 1—11).

Und wie er am See von Galiläa hin ging, sah er Simon und
Andreas, den Bruder Simons, Netz werfen im See; denn sie waren
Fischer. [17] Und Jesus sprach zu ihnen: kommt mir nach, ich will
machen, daß ihr Menschenfischer werdet. [18] Und sie ließen sogleich
die Netze liegen und folgten ihm nach. [19] Und ein wenig weiter
gehend sah er Jakobus, den Sohn des Zebedäus, und seinen Bruder
Johannes, ebenfalls in einem Schiffe, die Netze zurecht machend.
[20] Und sobald er sie rief, ließen sie ihren Vater Zebedäus im Schiff
mit den Tagelöhnern und folgten ihm.

Mc gibt keine Geschichte Jesu, es fehlt die Chronologie und der
pragmatische Faden, auch die Ortsangaben lassen viel zu wünschen
übrig. Er sammelt nur lose Stücke, Erzählungen und Aussprüche,
ordnet sie und bringt sie in drei Perioden unter. Die erste Periode
spielt in Galiläa, und sie beginnt mit der Berufung der ersten Jünger.
Über die Wirkung des allgemeinen Aufrufs zur Buße sagt Mc nichts,
sondern läßt Jesum sofort eine Aufforderung zur Nachfolge an bestimmte einzelne Personen richten, die er nicht zunächst nur zu
seinen Jüngern, sondern sogleich zu seinen Missionaren (Menschen-
fischern) beruft. Die Aufforderung zündet wie der Blitz. Mit einem
Schlage werden die vier Fischer aus ihrem Gewerbe, dem sie eben

obliegen, von einem am See auftauchenden Unbekannten herausgerissen. Die Sache wird sich in Wahrheit wohl etwas anders zugetragen haben. Die Situation war nötig, um dem Spruch vom Menschenfischen eine Folie zu geben. Die Dramatik beruht darauf, daß die Tradition die vorbereitenden näheren Umstände nicht kennt. Die Voranstellung dieser Perikope aber hat zu bedeuten: mit den Jüngern beginnt erst ein Wissen um Jesus; was er getan hat, ehe sie da waren, liegt im Dunkel (Weiße 1, 59). — Den Vater von Simon und Andreas nennt Mc nicht, so wenig wie den des Täufers. Warum aber den von Jakobus und Johannes?

Wenn Jesus 1, 14 nach Galiläa zurückkehrt, so denkt man wegen 1, 9: nach Nazareth. Aber 1, 16 ist er am See von Galiläa, an dem Nazareth nicht lag. Man erfährt nicht, wie er dahin gekommen. Matthäus ergänzt darum: er kehrte zurück nach Galiläa, verließ aber seine Heimat Nazareth und nahm Wohnung in Kapernaum. Ähnlich Lukas (4, 16. 31. 5, 1). Auf diese Weise wird zugleich noch ein anderer Anstoß entfernt. Nach Mc 1, 16 beruft Jesus am See von Kapernaum Fischer, die in Kapernaum wohnen, kommt aber erst 1, 21 in die Stadt selber. Das ist wunderlich, und sowohl bei Matthäus wie bei Lukas wird darum der Einzug in die Stadt vor die Szene am See verlegt. Die Syra — ich versteh darunter die Syra Sinaitica — läßt ihn bei Mc aus.

§ 6. 1, 21—28 (Lc 4, 31—37).

Und sie gingen nach Kapernaum hinein. Und gleich am Sabbat lehrte er in der Synagoge. 22 Und sie waren betroffen ob seiner Lehre, denn er lehrte sie wie einer, der Macht hat, und nicht wie die Schriftgelehrten. 23 Und alsbald war da in ihrer Synagoge ein Mensch mit einem unreinen Geiste, der schrie auf und sagte: 24 was haben wir mit dir zu schaffen, Jesus von Nazareth! kommst du, uns zu verderben? Ich weiß, wer du bist, der Heilige Gottes! 25 Und Jesus schalt ihn: halt den Mund und fahr aus von ihm! 26 Und indem der unsaubere Geist ihn zerrte und laut schrie, fuhr er aus von ihm. 27 Und sie staunten alle, also daß sie sich unterredeten und fragten: was ist das? eine neue Lehre mit Macht, auch den unreinen Geistern gebietet er und sie gehorchen ihm. 28 Und sein Ruf drang alsbald überall in die ganze Umgegend von Galiläa.

1, 21. Am nächsten liegt es, εὐθὺς τοῖς σάββασι zu verstehn:
am nächsten Sabbat (6, 2). Jedoch nach 1, 29 scheint kein Zwischenraum zwischen § 5 und § 6 zu liegen. Übersetzt man nun aber: „sofort, da es gerade Sabbat war", so steht entgegen, daß das Fischen
§ 5 für einen Sabbat sich nicht gehört. Die Schwierigkeit entsteht
ähnlich wie die am Schluß von § 5 besprochene durch die Art der
Redaktion. Die Syra hilft sich, indem sie nicht bloß εὐθύς ausläßt,
sondern auch καὶ εἰσπορεύονται εἰς Καφαρναούμ. Die Synagoge läßt,
wie die Moschee, Raum für allerlei Inofficielles.

1, 22. Auf die ἐξουσία Jesu wird von Anfang an Gewicht gelegt.
Sie bezeugt sich hier durch das innere Wesen seiner Lehre, dagegen
1, 27 durch die Wundertaten, welche die Lehre begleiten.

1, 23. Das εὐθύς bezieht sich logisch auch hier über ἦν hinweg
auf das Hauptverbum ἀνέκραξεν, obwohl das erste Verbum hier nicht
im Particip steht, wie 1, 10. 18. 29. Das eigentliche Subjekt zu
ἀνέκραξεν ist der Dämon; vgl. die Syra zu Joa 10, 21.

1, 24. Der Plural ἡμῖν erklärt sich wohl nicht aus 5, 9, sondern
daraus, daß der Dämon im Namen seiner Art spricht; mit οἶδα fällt
er zurück in den Singular. „Der Heilige Gottes" als Epitheton des
Messias findet sich nur hier und Joa 6, 69; vgl. Ps 16, 10. Act 2, 27.
4, 27. Ursprünglich ist Israel sowohl der Sohn Gottes als auch der
Heilige des Höchsten.

1, 25. 26. In 1, 34. 3, 11. 12 verbietet Jesus den Dämonen
den Mund, damit sie ihn nicht als Messias verraten; dies Motiv ist
nach 1, 24 auch hier anzunehmen. Ursprünglich aber ist das Schreien
der Dämonen keine verständliche Rede, s. 1, 26. 5, 5. 9, 26. (ἄλαλον)
Lc 9, 39. Dann bezieht sich φιμώθητι nicht auf einen Gedankeninhalt,
so wenig wie πεφίμωσο 4, 39. Sondern „verstumm" ist eine ziemlich
gleichbedeutende Vorstufe zu „fahr aus". Erst hernach hat man
das Schreien interpretiert, und zwar auf grund des Volksglaubens,
daß die Geister andere Augen für das Übersinnliche haben als Fleisch
und Blut.

Jesus beweist sich durch seine Taten als Messias, wahrt aber
doch sein Incognito, auch vor den Jüngern. Dieser Widerspruch
geht durch bei Mc: die Messianität bricht mit Naturgewalt durch,
und dennoch soll sie nicht bloß verborgen bleiben, sondern bleibt
auch wirklich verborgen. Und ein anderer Widerspruch hängt damit zusammen: die Jünger s o l l e n nichts merken und werden

dann doch gelegentlich darüber getadelt, daß sie nichts gemerkt
haben.

Daran, daß Jesus in der Tat nicht bloß gelehrt, sondern in engem
Zusammenhang damit auch geheilt hat, läßt sich nicht zweifeln.
Gelernt hat er weder das Lehren noch das Heilen, es ist beides bei
ihm keine Kunst, sondern Begabung. Die Begabung ist universell;
zu wem man überhaupt das Zutrauen der Autorität oder der Vollmacht hat, dem traut man Alles zu und wendet sich in allen Ange-
legenheiten an ihn. Über die Art der Krankheitsfälle, die Jesus behandelt, läßt sich nichts Sicheres sagen; wir würden auch die Be-
sessenheit als Krankheit auffassen. Der Glaube an Dämonen, die in
den Menschen wohnen und wirken, war damals allgemein; er tritt
in der Neutestamentlichen Literatur weit stärker hervor als in der
Alttestamentlichen; zum teil deshalb, weil jene aus weniger vornehmen
Kreisen stammt als diese, aber nicht ausschließlich aus diesem Grunde.

1, 27. An diesem Verse ist nach Ausweis der Hss. herumredigiert.
Folgt man der jetzt üblichen Lesart, so muß man nach 1, 22 κατ'
ἐξουσίαν zum Vorhergehenden ziehen und mit διδαχή verbinden. Die
Lehre ist von Vollmacht begleitet, die Vollmacht zeigt sich in den
Exorcismen.

1, 28. Die περίχωρος geht nicht über Galiläa hinaus, sondern
gehört dazu.

§ 7. 1, 29—34 (Mt 8, 14—16. Lc 4, 38—41).

Und sobald sie aus der Synagoge herauskamen, ging er in
das Haus des Simon und Andreas mit Jakobus und Johannes.
³⁰ Simons Schwiegermutter aber lag darnieder am Fieber, und
man sagte ihm alsbald von ihr. ³¹ Und er ging zu ihr und ließ sie
aufstehn, indem er sie bei der Hand faßte, und das Fieber verließ
sie und sie wartete ihnen auf. ³² Am Abend aber, nach Sonnenuntergang, brachten sie alle Kranken und Besessenen zu ihm,
³³ und die ganze Stadt war vor der Tür versammelt. ³⁴ Und er
heilte viele, die an mancherlei Krankheiten litten, und trieb viele
Dämonen aus, und ließ die Dämonen nicht reden, denn sie kann-
ten ihn.

1, 29. Man wird ἦλθεν im Singular lesen müssen, da sonst „mit
Jakobus und Johannes" nicht passen würde; vielleicht darf trotzdem in diesem Griechisch der Plural ἐξελθόντες (als Participium

absol.) beibehalten werden, vgl. 9, 14. Jesus kommt mit den Begleitern, die er am See gefunden, zuerst in die Synagoge und dann
in das Haus, an einem und dem selben Tage, der 1, 32 sich neigt und
1, 35 in Nacht und frühen Morgen übergeht. Diese Einheit der Zeit
ist gewiß beabsichtigt, obgleich 1, 28 darüber hinaus geht und der
Sabbat von § 6 zu dem Fischfang in § 5 nicht paßt. Mit Recht aber
legt ihr Matthäus keinen Wert bei. Beachtung verdient, daß die erste
Heilung an einer bekannten Person vollzogen wird.

1, 33. Das Gedränge wie 1, 45. 2, 2. 3, 9. 20. 6, 31.

1, 34. Der Cantabr. hat καὶ τοὺς δαιμόνια ἔχοντας ἐξέβαλεν
αὐτὰ ἀπ' αὐτῶν. Durchaus semitisch, der vorangestellte Akkusativ
ist Casus pendens und wird durch ἀπ' αὐτῶν aufgenommen. Hernach
wird die gewöhnliche Lesart auch im Cantabr. nachgebracht, genau
wie in den Dubletten der Septuaginta.

§ 8.   1, 35–39 (Lc 4, 42–44).

Und ganz früh des Morgens, noch vor Tage, stand er auf,
ging fort und begab sich an einen einsamen Ort und betete daselbst. [36] Und Simon eilte ihm nach mit seinen Genossen [37] und
sie fanden ihn und sagten zu ihm: alle suchen dich. [38] Und er
sprach zu ihnen: laßt uns anderswohin in die benachbarten Ort-
schaften gehn, damit ich auch dort predige, denn dazu bin ich
ausgegangen. [39] Und er predigte in ihren Synagogen in ganz
Galiläa und trieb die Dämonen aus.

Der erste Tag von Kapernaum, zu dem auch noch § 8 gehört,
hat paradigmatische Bedeutung. Zu den Angaben über die Jünger-
wahl, das Lehren in der Synagoge, die Dämonenaustreibung und
die Krankenheilung, den gewaltigen Zulauf und den weiten Ruf
kommen zwei weitere bedeutsame erste Beispiele dauernder Gewohnheit hinzu. Zunächst das einsame Beten in der Nacht oder am
frühen Morgen, nicht im Kämmerlein, sondern unter freiem Himmel,
auf einem Berge oder einer abgelegenen Stätte. Sodann das Wander-
predigen. Kaum hat Jesus seinen Fuß in Kapernaum gesetzt, so
treibt es ihn schon wieder fort — und alle suchen ihn! Doch behält
er dort sein Standquartier und beschränkt sein Wandern auf Galiläa
(1, 39). Von den Orten, die er besucht, werden uns leider nur wenige
genannt; ein Itinerarium fehlt. Ἐξῆλθεν καὶ ἀπῆλθεν 1, 35 sind im

Aramäischen zwei ganz verschiedene Verba: n' p h a q v e z a l ;
vgl. 7, 31. 14, 45. Für εἰς τὰς ἐχομένας κωμοπόλεις 1, 38 lesen der
Cantabr., die Latina und die Syra εἰς τὰς ἐγγὺς κώμας καὶ εἰς τὰς
πόλεις. Am Anfang von 1, 39 scheint ἦλθεν für ἦν (Cantabr. Lat.
Syra) corrigiert zu sein um der beiden εἰς willen, die in Wahrheit für
ἐν stehn.

§ 9.   1, 40—45 (Mt 8, 1—4. Luc 5, 12—16).

Und es kam zu ihm ein Aussätziger, bat ihn und sagte: wenn
du willst, kannst du mich reinigen. [41] Und von Mitleid ergriffen
streckte er seine Hand aus, rührte ihn an und sprach: ich will,
sei gereinigt! [42] Und alsbald ging der Aussatz von ihm weg und
er wurde rein. [43] Und er fuhr ihn an und hieß ihn alsbald hinausgehn [44] und sprach zu ihm: hüt dich, irgendwem etwas zu sagen,
sondern geh, zeig dich dem Priester und bring für die Reinigung
das Opfer, das Moses verordnet hat, ihnen zum Zeugnis. [45] Als
er aber draußen war, begann er die Geschichte viel zu verkündigen
und unter die Leute zu bringen, so daß er nicht mehr öffentlich in
eine Stadt gehn konnte. Sondern er hielt sich draußen an einsamen Orten auf und viele kamen von allenthalben zu ihm.

Diese Geschichte steht zwar nicht mehr im Rahmen des ersten
Tages, dient aber als Beispiel zu 1, 39 und gehört noch mit § 5—8
zusammen.

1, 40. Γονυπετῶν fehlt im Vatic. und Cantabr.

1, 42. Auch der Aussätzige wird durch Berührung geheilt; vgl.
2 Reg 5, 11.

1, 43. Die starken und zuweilen befremdlichen Affektsäuße-
rungen Jesu, die bei Mc hervortreten, werden bei Matthäus und Lukas
gemildert oder unterdrückt. Daß er unterwegs überall leicht ein
Obdach findet, gilt als selbstverständlich; vgl. 6, 10. Denn er ist
hier in einem Hause, obgleich es nicht gesagt wird.

1, 44. Der Geheilte soll sich nach Jerusalem begeben, um der
gesetzlichen Vorschrift zu genügen. Moses hat sie erlassen und zwar
zum Zweck der öffentlichen Dokumentierung; „damit euch das zur
Bezeugung diene“, wie es im Cantabr. zu Lc 5, 14 heißt. Es wird
Gewicht darauf gelegt, daß Jesus gebietet, die gesetzliche Vorschrift
zu erfüllen.

1, 45. Πολλά adverbial wie s a g g i ; bei Mc beliebt.

§ 10. 2, 1—12 (Mt 9, 1—8. Lc 5, 17—26).

Und da er nach einigen Tagen nach Kapernaum kam, ward
es ruchbar, daß er zu Hause sei. [2] Und viele liefen zu hauf, so daß
auch der Raum vor der Tür nicht ausreichte, und er richtete
an sie das Wort. [3] Und es kamen Leute, die brachten zu ihm
einen Gelähmten, der von Vieren getragen wurde. [4] Und da sie
ihn nicht zu ihm heranbringen konnten wegen des Volkes, deckten
sie das Dach (des Hauses), wo er war, ab und schlugen es durch
und ließen das Bett hinab, worin der Gelähmte lag. [5] Und da
Jesus ihren Glauben sah, sagte er zu dem Gelähmten: mein Sohn,
deine Sünden sind dir vergeben. [6] Einige Schriftgelehrten aber
saßen dabei und dachten in ihrem Herzen: [7] was redet dieser so
lästerlich? wer anders kann Sünden vergeben als allein Gott?
[8] Und alsbald in seinem Geist erkennend, daß sie so bei sich dachten,
sprach Jesus zu ihnen: Was denkt ihr so in eurem Herzen?
[9] was ist leichter, dem Gelähmten zu sagen: deine Sünden sind
dir vergeben, oder zu sagen: steh auf, nimm dein Bett und geh?
[10] Damit ihr aber seht, daß der Mensch auf Erden Befugnis hat,
Sünden zu vergeben, sagte er zu dem Gelähmten: [11] ich sage dir,
steh auf, nimm dein Bett und geh nach Hause. [12] Und er stand auf
und sein Bett nehmend ging er alsbald hinaus angesichts aller,
so daß alle außer sich waren und Gott priesen und sagten: so
etwas haben wir noch nie erlebt.

Mit § 10 beginnt ein neuer Abschnitt, der bis zu den Parabeln
in Kap. 4 reicht, eine Reihe gleichartiger Erzählungen, die auf ein
gegen die Schriftgelehrten oder die Pharisäer gerichtetes scharfes
und bedeutungsvolles Apophthegma Jesu auslaufen. Sein Gegensatz
gegen sie, 1, 22 leise angedeutet, erscheint hier sogleich akut. Die
Stellung der Gruppe bürgt freilich nicht für die Zeit, und die rein
sachliche Zusammenordnung der Stücke nicht für ihre Gleichzeitigkeit.

2, 1. Ob das Haus das des Petrus (§ 7) ist oder nicht, läßt sich
nicht sagen. Das Fehlen des Artikels spricht nicht dagegen, und
seine Setzung wäre kein Beweis dafür. Denn er wird in solchen Fällen
bald ausgelassen, bald zugefügt; und zwar kommt dieser Wechsel
nicht bloß an verschiedenen Stellen vor, sondern auch an der selben
Stelle in verschiedenen Handschriften. Wie die Einöde oder der Berg
steht auch das Haus überall zur Verfügung, s. zu 1, 43.

2, 2. Λαλεῖν τὸν λόγον findet sich noch 4, 33 und 8, 32. An diesen beiden Stellen scheint der λόγος die technische und absolute Bedeutung zu haben, die es sonst nur bei Lukas hat; vgl. 4, 14.

2, 3. Im syrischen Transitus Mariae hat das Bett vier A u b' l e (Widderhörner), mittels deren es getragen wird. Zu κράβαττος vgl. Epictet I 24, 14.

2, 4. In das abgedeckte Dach schlagen sie noch ein Loch? Abdecken und Durchschlagen verträgt sich nicht mit einander; eines von beiden muß weichen. Der Cantabr. und die Latina lassen einfach das ἐξορύξαντες aus. Vielleicht aber könnte das ἀπεστέγασαν τὴν στέγην zurückgehn auf aramäisches s c h a q l u h i oder a r î - m u h i l i g g â r a, welches richtiger zu deuten wäre: sie brachten ihn zum Dach hinauf. Das Hinaufbringen war eine schwierige Arbeit und verdiente Erwähnung. Das Haus besteht nur aus einem Zimmer, die Stiege ist außen angebracht (13, 15. Joseph. Ant. 14, 459). Man wundert sich, daß die unten Versammelten bei dem Durchbrechen der Decke das Lokal nicht räumen.

2, 5. Die Anrede „mein Sohn" (τέκνον) ist d e n W e i s e n geläufig; Jesus aber, selbst noch jugendlich, gebraucht sie sonst nur noch einmal, den Jüngern gegenüber (10, 24). Vgl. Mt 9, 22.

2, 6. Man könnte denken, die Schriftgelehrten s ä ß e n ehrenhalber, aber auch 3, 34 s i t z e n die Zuhörer, nur bei Matthäus (13, 2) stehn sie. Die Morgenländer finden leicht Sitzgelegenheit.

2, 7. Man darf λαλεῖ βλασφημεῖ nicht trennen. Im Aramäischen sind beide Worte Participia, im Griechischen hätte das zweite im Part. belassen werden können. Richtig Lc 5, 21 (22, 65).

2, 9. Wenngleich nicht in dem Maße wie bei Matthäus und Lukas erscheint Jesus doch auch bei Mc als der Herzenskündiger, der Alle, die ihm vorkommen, durchschaut und übersieht, sich dieser Überlegenheit auch bewußt ist und sie geltend macht, nicht selten in ironischer Weise. Für d e n k e n heißt es bei den Semiten b e i s i c h oder i n s e i n e m H e r z e n s a g e n. Es ist aber nicht immer klar, ob διαλογίζεσθαι bloß Denken oder auch Sprechen ist. — „Dir sind deine Sünden vergeben" kann jeder sagen, ohne daß er Lügen gestraft wird; aber wenn er einen Lahmen aufstehn und wandeln heißt, erprobt sich sofort, ob er dazu die Macht hat oder nicht.

2, 10. „Der Menschensohn" ist messianische Selbstbezeichnung Jesu. Er gebraucht sie aber sonst bei Mc erst seit dem Petrusbe-

kenntnis und auch dann nur gegenüber den Zwölfen. Hier dagegen
lüftet er den Schleier, der sogar für seine Jünger noch über ihm liegt,
mit einem Male freiwillig vor seinen Widersachern. Da jedoch im
Aramäischen S o h n   d e s   M e n s c h e n gewöhnlich weiter nichts
als M e n s c h bedeutet, so hätten die Pharisäer nur durch den Zusammenhang darauf geführt werden können, daß es hier etwas ganz
anderes sein solle. Im Zusammenhang lag aber nicht die mindeste
Nötigung dazu vor, von der gewöhnlichen Bedeutung abzugehn, da
d e r   M e n s c h   a u f   E r d e n   d a r f   S ü n d e n   v e r g e b e n als
Rückschlag auf n u r   G o t t   i m   H i m m e l   d a r f   e s einen ausge-
zeichneten Sinn gibt. Da nun die Schriftgelehrten so und nicht anders
verstehn mußten, so kann es auch Jesus nicht anders gemeint haben,
wenn er nicht die Absicht hatte, sie irrezuleiten und seine Gedanken
durch die Sprache zu verbergen. Das richtige Verständnis ist merk-
würdigerweise noch in Mt 9, 8 erhalten: „der solche Befugnis d e n
M e n s c h e n gegeben hat". Natürlich ist die Meinung nicht, daß
jeder Mensch die Befugnis hat, Sündenvergebung auszusprechen,
sondern daß Menschen die Befugnis haben können. Das Motiv für
den Übersetzer, den Menschen hier als Messias zu verstehen, liegt auf
der Hand. Vgl. 2, 28. 3, 28.

Seine ἐξουσία, zu sagen was er sagt, erweist Jesus wiederum
durch die Tat. Der Nachsatz zu dem an die Schriftgelehrten ge-
richteten ἵνα δὲ εἰδῆτε ist eigentlich die Handlung selbst, die Heilung,
die dramatisch durch das befehlende Wort 2, 11 erfolgt. Das λέγει
τῷ παραλ. ist eine Art Bühnenweisung, erforderlich darum, weil die
Adresse sich ändert. Vgl. 11, 32. Exod 4, 5. 8. 1 Sam 25, 37 Sept.

§ 11.   2, 13—17 (Mt 9, 9—13. Lc 5, 27—32).

Und wieder ging er hinaus an den See und alles Volk kam
zu ihm und er lehrte sie. [14] Und im Vorübergehn sah er Levi den
Sohn des Alphäus am Zoll sitzen und sagte zu ihm: folg mir.
Und er stand auf und folgte ihm. [15] Und es begab sich, als er zu
Tisch saß in seinem Hause — und viele Zöllner und Sünder saßen
zusammen mit Jesu und seinen Jüngern — [16] sagten die Schriftgelehrten der Pharisäer, da sie sahen, daß er mit den Zöllnern und
Sündern aß, zu seinen Jüngern: mit den Zöllnern und Sündern ißt
er? [17] Und Jesus hörte es und sprach zu ihnen: die Starken be-

dürfen des Arztes nicht, sondern die Kranken; ich bin nicht gekommen, Gerechte zu rufen, sondern Sünder.

2, 13. 14.   Am See wandelnd beruft Jesus die vier ersten Jünger
und nun auch Levi (für den der Cantabr. und die Latina wegen 3, 18
Jakobus setzen). Es geschieht ebenso plötzlich, man erkennt die
selbe Hand. War die Zollstätte am See wegen der Schiffswaren, die
aus der Dekapolis und dem Gebiet des Philippus eingeführt wurden?
Πάλιν braucht nichts weiter als einen Übergang zu bezeichnen, wie
t û b.

2, 15. 16.   Wenn nach 2, 14 Levi aufsteht und Jesu folgt, so
paßt dazu schlecht, daß hier umgekehrt Jesus plötzlich im Hause
Levis sich befindet, welches sich freilich von der Zollstätte unterscheidet. Es besteht kein wahrer Zusammenhang; die Verse 15. 16
sind gemacht, um die Situation so zuzurichten, daß sie zum Anlaß
für den Spruch 2, 17 paßt. Auch die Jünger, unter denen hier nicht
bloß Simon und Genossen (1, 36) verstanden werden, treten ganz
plötzlich auf; der Satz „es waren nämlich ihrer (der Jünger) viele
und sie folgten ihm" (oder nach dem Cantabr. und der Latina: es
waren ihrer viele, die ihm folgten) trägt eine nicht berichtete Voraussetzung nach und scheint eingeschoben zu sein, da er auch die Kon-
struktion stört.   Am wenigsten motiviert ist es, daß die Schriftgelehrten der Pharisäer — der Ausdruck findet sich nur hier — unge-
laden bei der Mahlzeit erscheinen und als Zuschauer darein reden;
daß sich so etwas auch bei Lukas findet, ändert nichts an diesem
Urteil. — Das die Frage eröffnende ὅτι des Vaticanus in 1, 16 wird
von Lachmann ὅ τι geschrieben und als διατί gedeutet, ebenso wie
in 9, 11. 28 und Joa 8, 26; der Sinaiticus und der Cantabr. lesen
gradezu διατί.

2, 17.   Während in § 12. 13 Jesus wegen des Verhaltens der
Jünger zur Rede gestellt wird, ist es hier umgekehrt.   Doch antwortet auch hier Jesus, obwohl nicht gefragt.   Sein Apophthegma
— ein Doppelspruch wie häufig — hat die Einleitung 2, 15. 16 nicht
nötig.   Der Frage „i ß t er denn usw." entspricht die Antwort „die
Gesunden bedürfen des Arztes nicht" recht wenig; und in οὐκ ἦλθον
καλέσαι ist Jesus der Einladende, nicht Levi.   Mit anderen Worten
ist der Spruch 2, 17 mit der Erzählung 2, 13. 14 nur in künstliche
Verbindung gebracht durch den Einsatz von 2, 15. 16.

§ 12.   2, 18–22 (Mt 9, 14–17. Lc 5, 33–39).

Und die Jünger des Johannes und die Pharisäer fasteten.
Und es kamen (Leute) und sagten zu ihm: warum fasten die
Jünger des Johannes [und die Jünger der Pharisäer], deine
Jünger aber nicht? ¹⁹ Und Jesus sprach zu ihnen: Können
etwa die Hochzeiter fasten, solange der Bräutigam bei ihnen
ist? solange sie den Bräutigam bei sich haben, können sie nicht
fasten. ²⁰ Aber es kommen Tage, wo der Bräutigam ihnen entrissen ist, dann werden sie fasten, an jenem Tage. ²¹ Niemand
näht einen Lappen von ungewalktem Tuch auf ein altes Kleid, sonst
reißt das Aufgesetzte davon ab [das neue vom alten] und es entsteht ein ärgerer Riß. ²² Und niemand tut jungen Wein in alte
Schläuche, sonst zerreißt der Wein die Schläuche, und der Wein
geht verloren und die Schläuche.

2, 18. Der erste Satz stammt von späterer Redaktion und
fehlt bei Matthäus und Lukas; zu ἔρχονται ist daher ein unbestimmtes
Subjekt anzunehmen. Die Pharisäer sollen die Einleitung auch für
2, 21. 22 passend machen. Noch deutlicher sind sie zugesetzt i n
d e r F r a g e , wo οἱ μαθηταὶ τῶν Φαρισαίων bloße und sehr unpas-
sende Imitation von οἱ μ. Ιωάνου ist.

2, 19. 20. Die auf die Frage 2, 19 folgende Affirmation fehlt
im Cantabrig. und in der Latina; doch sind solche Wiederholungen
durchaus im Stil der Evangelien. Den gewöhnlichen Hochzeitern
wird weder der Bräutigam entrissen, noch haben sie Anlaß zu
fasten, wenn die Hochzeit zu Ende ist. Es schimmert also schon in
2, 19 der allegorische Sinn durch (auch in dem Ausdruck s o l a n g e
d e r B r ä u t i g a m b e i i h n e n i s t statt w ä h r e n d d e r
H o c h z e i t), und man darf 2, 20 nicht davon abschneiden. Daran
wird auch dadurch nichts geändert, daß 2, 20 in der Tat über ein
bloßes Korrolarium hinausgeht, nicht Möglichkeit ist, sondern bestimmte Weissagung im biblischen Stil; sie w e r d e n fasten, nicht:
sie k ö n n e n fasten.

Die ganze Frage spielt nicht zwischen den Meistern, sondern
zwischen ihren Jüngern und hat keine Bedeutung für die Gegenwart,
sondern für die Zukunft. Nach Jesu Tode wichen seine Jünger von
seiner Praxis ab. Sie nahmen von den Johannesjüngern nicht bloß
die Taufe an, sondern auch das Gebet (Lc 11, 1) und das Fasten.

Für das Fasten gibt Jesus ihnen hier die Erlaubnis, die jedoch erst nach seinem Tode in Kraft tritt. In Wahrheit wird er es wohl nicht im voraus, mit einer so eigentümlichen Motivierung, genehmigt haben, daß seine Jünger zum Kultusfasten eine andere Stellung einnahmen wie er selber. Auch widerspricht es dem Grundplan des Mc, daß Jesus schon hier seinen Tod verkündet und daß er sich den Bräutigam nennt, d. h. nach der üblichen Vorstellung des Reiches Gottes als einer Hochzeit, den Messias. Sehr merkwürdig ist, daß die Hochzeit hier nicht erst in der Zukunft, sondern schon in der Gegenwart stattfindet und in dem Zusammensein des irdischen Jesus mit seinen Jüngern besteht.

„Die Hochzeiter" sind eine Art männlicher Brautjungfern. Der griechische Ausdruck entspricht dem aramäischen nicht wörtlich, ist aber selber nach aramäischen Analogien gebildet: Söhne des Reichs, der Auferstehung, der Hölle usw. So auch in den Hom. Clem. 19, 22: υἱοὶ νεομηνιῶν καὶ σαββάτων.

2, 21. 22 ist unabhängig von dem vorhergehenden Ausspruch und widerspricht ihm innerlich. Man darf ein altes, schon öfter gewalktes Kleid deshalb nicht mit einem ungewalkten Lappen flicken, weil dieser beim nächsten Walken einläuft und abreißt. Ein verrosteter Kessel wird durch Reparatur vollends zu grunde gerichtet. Unter dem alten Kleide und dem alten Schlauch läßt sich kaum etwas anders verstehn als die Form des Judentums. Jesus statuiert offenbar eine Regel für sein eigenes Wirken. Dabei fällt der vollendete Radikalismus auf, dem er praktisch doch nicht huldigt; denn er hält für seine Person am Alten Testament und am Judentum fest. Und ferner fällt auf, daß er die Schaffung einer neuen F o r m für notwendig erklärt, während er tatsächlich in dieser Beziehung Alles der Gemeinde nach seinem Tode überlassen hat. Ein Zweifel an der Echtheit dieses Doppelspruchs wird dadurch freilich nicht begründet. Πλήρωμα für ἐπίβλημα (Lc 5, 36) läßt sich bis jetzt als griechisch nicht nachweisen. Im Aramäischen ist das Verbum m ' l â für „stopfen" belegt durch Aphraates 145, 8 und Sindban 17, 4; das Substantiv m a l l â i â für Flickschneider durch Anecd. Syr. ed. Land II 269, 7. Τὸ καινὸν τοῦ παλαίου ist Interpretament.

§ 13. 2, 23—28 (Mt 12, 1—8. Lc 6, 1—5).

Und es begab sich, daß er am Sabbat durch Saatfelder ging,
und seine Jünger begannen im Vorübergehn Ähren zu rupfen.
²⁴ Und die Pharisäer sagten zu ihm: siehe, was sie am Sabbat
Unerlaubtes tun! ²⁵ Und er sprach zu ihnen: habt ihr nie .ge-
lesen, was David tat, da es ihm not war und er Hunger hatte,
und seine Gefährten? ²⁶ wie er in das Haus Gottes eintrat, zur Zeit
des Hohenpriesters Abiathar, und die Schaubrote aß, die nur
die Priester essen dürfen, und auch seinen Gefährten davon gab?
²⁷ Und er sprach zu ihnen: der Sabbat ist um des Menschen willen
da und nicht der Mensch um des Sabbats willen, ²⁸ also ist der
Mensch Herr auch über den Sabbat.

2, 23. Die Jünger reißen nicht die Halme ab, um sich Weg zu
bahnen, sondern die Ähren, um sie zu essen. Besser griechisch wäre
zu sagen gewesen: ἤρξαντο ὁδοποιοῦντες (en passant) τίλλειν. Die
Zeit ist nach Ostern: wir haben hier die einzige Bestimmung der
Saison im Evangelium.

2, 26. Abiathar war zur Zeit des hier erwähnten Ereignisses
zwar noch nicht Hoherpriester, wurde es aber infolge davon. Im
Cantabr., in der Latina und Syra fehlt er, ebenso wie bei Matthäus
und Lukas. Auffällig ist am Schluß τοῖς σὺν αὐτῷ οὖσιν gegenüber
οἱ μετ' αὐτοῦ 2, 25.

2, 27. 28 hängt bei Mc nicht eng mit dem Vorhergehenden zusammen, sondern ist durch καὶ ἔλεγεν abgehoben. Der Schluß 2, 28
ist nicht aus dem Beispiel Davids gefolgert, sondern hat eine neue
Prämisse. Wenn er bündig sein soll, so muß das Hauptwort der Aussage in ihm das selbe sein, wie in der Prämisse: der Sabbat ist wegen
d e s M e n s c h e n da und nicht d e r M e n s c h wegen des Sabbats,
also ist d e r M e n s c h Herr über den Sabbat. Auch hier wie in
2, 10 ist der Mensch, wie schon Hugo Grotius erkannt hat, fälschlich
zum Menschensohn erhöht, und aus dem selben Grunde: eine solche
ἐξουσία kann nur der Messias haben. Jesus hat ja aber gar nicht den
Sabbat gebrochen, sondern seine Jünger, und deren Verhalten soll
gerechtfertigt werden.

Bei Matthäus und Lukas fehlt die Prämisse 2, 27; der Cantabr.,
die Latina und z. T. die Syra beseitigen sie auch bei Mc. Dadurch
wird Zusammenhang hergestellt mit dem Vorhergehenden: was David

darf, darf auch der Messias. Dieser Zusammenhang ist nun gegenüber dem καὶ ἔλεγεν αὐτοῖς des Mc an sich verdächtig, denn die Richtung geht immer dahin, das lockere Gefüge fester zu verbinden. Und ferner müßte dann in 2, 28 das καί nicht vor τοῦ σαββάτου, sondern ganz notwendig vor ὁ υἱὸς τ. ἀ. stehn: Matthäus hat es zwar gestrichen, bei Lukas aber steht es an der selben Stelle wie bei Mc; verräterischer weise.

Der Grundsatz 2, 27 wird ähnlich auch von einem Rabbinen ausgesprochen. Es würde Jesu keinen Eintrag tun, wenn er ihn sich angeeignet hätte. Indessen die Priorität ist zweifelhaft.

§ 14. 3, 1—6 (Mt 12, 9—14. Lc 6, 6—11).

Und ein andermal ging er in die Synagoge, und da war ein Mensch, der hatte einen starren Arm. ² Und sie paßten auf, ob er am Sabbat heilen würde, um etwas gegen ihn vorbringen zu können. ³ Und er sagte zu dem Menschen mit dem starren Arm: steh auf und tritt vor! ⁴ Und er sagte zu ihnen: darf man am Sabbat nicht lieber Gutes erweisen, als Böses, nicht lieber ein Leben retten, als es zu grunde gehn lassen? Sie aber schwiegen. ⁵ Und er sah sie ringsum an mit Zorne, entrüstet über die Erstorbenheit ihres Herzens, und sagte zu dem Menschen: streck deinen Arm aus! Und er streckte ihn aus und sein Arm war hergestellt. ⁶ Und die Pharisäer gingen hinaus und berieten sich alsbald mit den Herodianern gegen ihn, um ihn zu verderben.

3, 1. Matthäus und Lukas haben εἰς συναγωγήν determiniert verstanden, da es in Kapernaum nur eine Synagoge gab.

3, 4. Da σῶσαι dem ἀποκτεῖναι gegensätzlich entspricht, so liegt a c h i zu grunde, das alte, in der Peschita aber zurückgedrängte aramäische Äquivalent für σώζειν. Es heißt nicht bloß lebendig-, sondern auch gesundmachen. So auch im Hebr. z. B. Osee 6, 1, 2. Exod 1, 13. Ezech 33, 10s.

3, 5. Für πωρώσει bieten der Cantabr. und die Syra das originellere νεκρώσει.

3, 6. Bisher sind keine bestimmten Personen genannt, Jesus fragt alle, sie schweigen alle, und er sieht alle ringsum mit Zorn an. Hier tauchen plötzlich die Pharisäer aus der Allgemeinheit hervor. Nachdem sie hinausgegangen, treten sie in Verbindung mit den

Herodianern: dazu hat vielleicht die Äußerung Jesu 8, 15 Anlaß gegeben. Die Herodianer würde man für die Gouvernementalen in Galiläa halten; nach 12, 13 gab es aber auch in Jerusalem welche.

§ 15. 3, 7—12 (Mt 12, 15—21. Lc 6, 17—19).

Und Jesus mit seinen Jüngern zog sich zurück an den See. Und viele Leute von Galiläa und von Judäa ⁸ und von Jerusalem und von Idumäa und Peräa und der Gegend von Tyrus und Sidon, eine große Menge, da sie hörten was er tat, kamen sie zu ihm. ⁹ Und er sagte seinen Jüngern, es solle ihm ein Schiff bereit stehn, wegen der vielen Leute, daß sie ihn nicht drängten. ¹⁰ Denn er heilte viele, so daß sie auf ihn sich stürzten um ihn zu berühren. ¹¹ Und wenn ihn die unreinen Geister erblickten, fielen sie vor ihm nieder, schrien und sprachen: du bist der Sohn Gottes. ¹² Und er bedrohte sie sehr, daß sie ihn nicht offenbar machten.

Man denkt, Jesus ziehe sich vor den Gegnern zurück (ἀναχωρεῖν bei Mc nur hier), aber in § 17 setzt er den gefährlichen Streit mit ihnen fort und von einem Ausweichen in die Einsamkeit, überhaupt von einer wirklichen Ortsveränderung, merkt man nichts. Er bleibt in Kapernaum, und der Zudrang zu ihm wird immer größer; von ganz Syrien ist indessen keine Rede, auch nicht von Samarien, sondern nur von den Teilen Palästinas, in denen Juden wohnten; das Gebiet von Tyrus und Sidon erstreckte sich über den Norden Galiläas nach Damaskus zu.

3, 7. 8. Ἠκολούθησαν wird am Schluß mit ἦλθον πρὸς αὐτόν wiederholt. Aber es fehlt im Cantabr., in der Latina und Syra.

§ 16. 3, 13—19 (Mt 10, 1—4. Lc 6, 12—16).

Und er ging auf einen Berg und rief die, welche er wollte, zu sich heran, und sie kamen zu ihm. ¹⁴ Und er machte Zwölf, daß sie mit ihm wären und daß er sie aussendete zu predigen, ¹⁵ und daß sie Macht hätten, Teufel auszutreiben, ¹⁶ Simon, dem er den Namen Petrus beilegte, ¹⁷ und Jakobus den Sohn des Zebedäus und Johannes den Bruder des Jakobus, denen er den Namen Boanerges beilegte d. i. Donnerssöhne, ¹⁸ und Andreas und Philippus, und Bartholomäus und Matthäus, und

Thomas und Jakobus den Sohn des Alphäus, und Thaddäus und
Simon Kanaanäus, und den Verräter Judas Ischariot.
Jesus zieht sich von der Menge zurück auf einen Berg (s. zu
1, 35. 2, 1). Und hier beruft er die Zwölf, nicht bloß als seine stän-
digen Begleiter, sondern zugleich auch als Apostel. Damit wird dem
§ 29 vorgegriffen, wie Matthäus richtig empfindet. Die Fortsetzung
der Finalsätze durch den Infinitiv in Vers 15 ist ungriechisch. Καὶ
ἐποίησεν τοὺς δώδεκα 3, 16 fehlt im Cantabr., in der Latina und Syra.
Die Zwölf werden paarweise (6, 7) aufgeführt, mit Ausnahme
des Judas Ischariot am Schluß und des Simon am Anfang, von dem
sein Bruder Andreas getrennt und mit Philippus verbunden wird.
Ihre Beinamen werden auf Aramäisch angegeben; nur heißt es Petrus
und nicht Kepha. Θωμᾶ, Zwilling, ist wie Geminus und Didymus kein
bloßer Beiname; vgl. Lidzbarski, Handbuch der nordsemitischen
Epigraphik (1898) p. 383. Βοανηργες wird durch Lc 9, 54 historisch
erklärt. R g e s für Donner läßt sich bisher nicht nachweisen, wenn
es nicht in dem Eigennamen Ragasbal steckt. Κανααναῖος wird von
Lukas richtig durch ζηλωτής wiedergegeben; es war also ein Zelot
unter den Zwölfen, natürlich ein gewesener. Im palästinischen Aramäisch wird das anfangende Mem der Participia des Pael allgemein
weggelassen, wenn hinten â n antritt; man sagt q a n ' â n (eigentlich qann'ân), nicht m ' q a n ' â n. Der griechischen Endung -αιος
entspricht regelrecht die aramäische -âi (z. B. Σαδδουκαῖος çadduqâi),
die in diesem Falle jedoch fehlt und ebenso in Φαρισαῖος p h ; r î s c h.
Ισχαριωτ hält man gewöhnlich für eine Zusammensetzung von איש
mit einem Ortsnamen; der Cantabr. hat dafür im Johannes ἀπὸ
Καρυωτοῦ. Indessen i s c h war zur Zeit Jesu längst aus dem aramäischen Lexikon verschwunden, und i s c h Q a r i o t h (wenn dieser
Ort gemeint wäre, der freilich mit schließendem Theta, nicht mit
Tau geschrieben werden müßte) heißt auch nicht ein Mann von Karioth,
sondern die Mannschaft von K. Zudem wäre dann die Nebenform
Σκαριωτ so wenig zu begreifen, wie die Anhängung des -ης in
Ισκαριώτης oder Σκαριώτης. Also איש kann in dem Beinamen des
Verräters nicht stecken; wie er aber richtig zu erklären ist, läßt sich
bis jetzt nicht sagen. Aus s i c a r i u s kann er kaum entstanden
sein.
    Unter den richtigen Personennamen befinden sich zwei ganz
griechische, Andreas und Philippus, die vielleicht eben deswegen zu-

sammengestellt werden. Bartholomäus geht zwar auf Ptolemäus
zurück (nicht auf Thalmai 2 Sam 3) und Thaddäus vielleicht auf
Theodotus, aber diese Namen sind vollkommen aramaisiert. Sie
haben ebenso wie Zebedäus und Matthäus die Form der Hypokoristika
auf ai oder â; s. Derenbourg, la Palestine (1867), p. 95. Zebedäus
ist etwa Zabdiel, Matthäus ist Matthathia. Alphäus bietet Schwierigkeiten, denn in C h a l p h a ist das Chet hart und müßte durch χ
transkribiert werden — freilich hat die Syra sich daran nicht gestoßen.
Für Thaddäus wird Act 1, 13 Judas Jacobi gesetzt und in dem Cantabr.
und der Latina zu Mc 3, 19 Lebbäus. Dieser letztere Name, der sich
bei Lidzbarski p. 301 findet, ist ebenfalls Hypokoristikon; man kennt
aber die volle Form nicht. Lebubna (nach Nöldeke = Nebu-bna) liegt
fern und läßt sich nur in Mesopotamien nachweisen.

Es versteht sich von selbst, daß die Beilegung von Beinamen
wie Kepha und Boanerges nicht abrupt geschehen kann und kein
historischer Akt ist. Es liegt hier überhaupt kein historischer Akt
vor, sondern vielmehr Statistik in historischer Darstellung: ein Ver-
zeichnis in Form einer Scene auf hoher Bühne. Dasselbe stimmt
nicht ganz zu dem vorher Berichteten. Levi, den man nach § 11
erwartet, fehlt; denn ihn mit Matthäus oder mit Jakobus Alphaei
zu verselbigen geht nicht an. Andreas erscheint im Widerspruch zu
§ 5 schon hier nicht mehr unter den ersten Vier, woran Matthäus und
Lukas sich mit Fug gestoßen haben. Über den Namen wenigstens
eines von den Zwölfen herrscht Schwanken.

Aber auch § 15 ist keine konkrete Erzählung, sondern in Wahrheit ein Resumé von gleichbleibenden und stets sich wiederholenden
Vorgängen; Beachtung verdient dabei die nachdrückliche Bemerkung,
daß die Dämonen den Messias erkannten und von ihm zum Schweigen
gebracht werden mußten. Man wird nicht fehlgreifen, wenn man
in § 15 sowohl wie in § 16 spätere Machwerke erblickt, die freilich
nicht von der selben Hand stammen. Daß sie eingelegt sind, geht
daraus hervor, daß § 17 und 18 ihrer Art nach noch zu der Gruppe
§ 10—14 gehören; es sind ganz analoge Erzählungen mit einem
prägnanten Worte Jesu am Schluß. Vielleicht war § 15 ursprünglich
bestimmt, dicht vor § 19 zu stehen. Darauf weist die Situation: Jesus
im Gedränge am See, so daß ein Schiff für ihn bereitgehalten wird.
An der jetzigen Stelle von § 15 benutzt Jesus das Schiff nicht, sondern
geht auf einen Berg und ist hernach wieder in Kapernaum. Dagegen

4, 1 steigt er wirklich in das Schiff, das seit 3, 9 auf ihn wartet. — Daß 3, 6 nicht zu 3, 1—5 paßt, ist schon gezeigt worden; es ist eine Überleitung zu § 15 (ἀνεχώρησεν).

§ 17. 3, 20–30 (Mt 12, 22–32. Lc 11, 14–23).

Und er kam nach Hause, [20] und wieder lief eine Haufe zusammen, so daß sie nicht einmal essen konnten. [21] Und da die Seinigen es hörten, machten sie sich auf, um sich seiner zu bemächtigen; denn sie sagten: er ist von Sinnen. [22] Und die von Jerusalem herabgekommenen Schriftgelehrten sagten: er hat den Beelzebul, und durch den Obersten der Dämonen treibt er die Dämonen aus. [23] Und er rief sie heran und sprach zu ihnen gleichnisweise: Wie kann der Satan den Satan austreiben? [24] Wenn ein Reich sich entzweit, kann jenes Reich nicht Bestand haben, [25] und wenn ein Haus sich entzweit, kann jenes Haus nicht Bestand haben, [26] und wenn der Satan sich gegen sich selbst erhebt und sich entzweit, kann er nicht Bestand haben, sondern nimmt ein Ende. [27] Niemand kann in das Haus eines Gewaltigen eindringen und ihm sein Zeug rauben, wenn er nicht zuvor den Gewaltigen bindet; dann erst kann er sein Haus ausrauben. [28]Amen ich sage euch, Alles wird dem Menschen vergeben [alle Sünden und Lästerungen], was er auch lästern möge, [29] wer aber gegen den heiligen Geist lästert, der hat keine Vergebung, sondern ist ewiger Sünde schuldig — [30] weil sie sagten, er habe einen unreinen Geist.

3, 20 s. gehört mit 3, 31 zusammen. Der § 17 ist in § 18 eingeschoben, um durch die Äußerung der Verwandten e r i s t v o n - S i n n e n eine Anknüpfung zu gewinnen für die Äußerung der Schriftgelehrten B e e l z e b u l w i r k t i n i h m. Objekt zu ἀκούσαντες 3, 21 kann nur der Inhalt von 3, 20 sein, der sich dazu freilich nicht eignet. Im Cantabr. und in der Latina lautet 3, 21: καὶ ὅτε ἤκουσαν περὶ αὐτοῦ οἱ γραμματεῖς καὶ οἱ λοιποὶ ἐξῆλθον κρατῆσαι αὐτόν· ἔλεγον γὰρ ὅτι ἐξέστατα αὐτούς (quoniam excutiat eos = sie von sich abschüttle). So wird οἱ παρ' αὐτοῦ in ein Objekt zu ἀκούειν verwandelt, statt des auf diese Weise beseitigten anstößigen Subjekts ein anderes unanstößiges gesetzt (wodurch zugleich die Fuge zwischen 3, 21 und 22 wegfällt) und schließlich auch der Vorwurf ἐξέστη ge-

gemildert. Das ist sichtlich Korrektur. Vielleicht ist aber auch schon das befremdliche οἱ παρ' αὐτοῦ der gewöhnlichen Überlieferung korrigiert für οἱ ἀδελφοὶ αὐτοῦ, wie die Syra liest.

3, 22. Es heißt nicht: es kamen Schriftgelehrte von Jerusalem, sondern sofort: die von Jerusalem gekommenen Schriftgelehrten, als seien sie schon bekannt. Die Auskunft, sie seien durch 3,8 avisiert, ist kläglich. Matthäus setzt die Pharisäer an die Stelle, Lukas sagt bloß e i n i g e L e u t e, und das ist wegen der Frage Mt 12, 27. Lc 11, 19 das Richtige. Die bestimmten Adressaten sind hier wie in anderen Fällen zugesetzt, Jesus hat in Wahrheit nicht so ausschließlich mit den Schriftgelehrten und Pharisäern zu tun gehabt. An dieser Stelle fungieren die jerusalemischen Rabbinen bei Mc als Superlativ der Gegner von §10—14, als die giftigste Art des Otterngezüchtes. Vgl. 7, 1.

3, 23. Nach προσκαλεσάμενος zu schließen ist die Beleidigung nicht gerade Jesu ins Gesicht geschleudert. Nicht: ein Satan treibt den andern aus, sondern: der Satan sich selber; denn es gibt nur einen Satan. Der Argumentation liegt zu grunde die Vorstellung von dem Zusammenhang der Dämonen in einem Reich unter einem Oberhaupt. Und zwar ist dies Reich gegenwärtig und wirksam auf Erden. Dementsprechend ist bei Matthäus und Lukas auch das Gegenbild, das Reich Gottes, nicht als rein zukünftig gedacht, sondern ebenfalls als schon gegenwärtig und im Kampf begriffen mit dem feindlichen Reich; bei Mc tritt das aber nicht deutlich hervor.

3, 25—27. H a u s wird im Aramäischen in sehr weitem Sinne gebraucht, auch für ein politisches Gebiet, wie in οἶκος Λυσανίου. Anders freilich in 3, 27. Aber dieser Vers ist durch ἀλλά (Lc 6, 28) sehr lose angeschlossen und im Zusammenhang, für den es lediglich auf das Negative ankommt, eher störend als förderlich; bei Matthäus und Lukas ist der Ansatz zur positiven Erweisung Jesu als des Siegers über das Teufelsreich noch weiter ausgesponnen.

3, 28. Τὰ ἁμαρτήματα καὶ αἱ βλασφημίαι scheint aus Matthäus eingedrungen zu sein, ὅσα bezieht sich auf πάντα. A m e n als Beteuerung am Anfang des Satzes ist als bezeichnend für die Redeweise Jesu im hebräischen Wortlaut beibehalten. Es heißt nämlich eigentlich nicht ἀληθῶς und steht nicht am Anfang einer Behauptung, sondern am Schluß einer Bitte oder eines Wunsches, den die Zuhörer sich damit aneignen: γένοιτο. So wird es ja auch noch jetzt im Kultus angewendet. Der Plural οἱ υἱοὶ τῶν ἀνθρώπων kommt nur hier vor;

die Beibehaltung des aramäischen Ausdrucks im Plural hat keinen
Anlaß. Matthäus und Lukas haben dafür ὁ υἱὸς τοῦ ἀνθρώπου, und
das wird das Richtige sein. Nur fassen sie den Singular falsch im
messianischen Sinne und beziehen ihn auf Jesus. Er muß nach 2, 10.
28 generell verstanden werden, so daß der Plural bei Markus sachlich
zutrifft, wenngleich er in dieser Form völlig unmotiviert ist.

3, 29. Εἰς τὸν αἰῶνα fehlt wohl mit Recht im Cantabr. und in der
Latina. Der Ausspruch ist ein Seitenstück zu 2, 10 und mindestens
ebenso außerordentlich. Es handelt sich nicht um Verleumdung;
Blasphemie, absolut gebraucht, ist Gotteslästerung. Auch Blasphemie kann Vergebung finden, z. B. in dem Falle Hiobs, wo Gott
sich verhüllt und unbegreiflich verfährt. Aber eine Blasphemie gegen
den Geist findet keine Vergebung, denn der Geist — worunter nicht
der spezifisch christliche verstanden werden darf — ist der aus der
Hülle hervorgestreckte Finger Gottes (Lc 11, 20), seine lebendig auf
Erden webende Kraft, die den Menschen unverkennbar sich kund-
gibt, sei es durch unpersönliche Wirkungen, sei es durch Männer des
Geistes und der Kraft. Die Dämonenaustreibung ist ein Werk des
Geistes; wer sie für Satanswerk ausgibt, lästert den Geist und ist
schuldig ewiger Sünde, d. i. ewiger Strafe. Ganz ähnlich entrüsten
sich die Propheten gegenüber der Verkennung, daß der Geist sie
treibe und durch sie wirke; desgleichen Muhammed gegenüber der
Verdächtigung, daß er nicht der Bote Gottes, sondern von einem
Dämon besessen sei. Ihre Entrüstung begreift sich um so mehr, da
ihre Gottesgewißheit ihnen selber zwar felsenfest steht, anderen
aber schlecht anbewiesen werden kann.

Jesus legt im allgemeinen wenig Gewicht auf seine Taten als
Z e i c h e n; nach Matthäus und Lukas würde er nichts einzuwenden
haben, wenn die Juden sprächen: so etwas können unsere Söhne auch.
Aber das tun sie nicht, sie gestehen die außerordentliche Kraft zu,
leiten sie aber vom Satan ab. Und dies erklärt er nicht nur für blas-
phemisch, sondern auch für irrational. Es ist indessen längst bemerkt
worden, daß die Juden dabei im guten Glauben sein konnten; sie
erhoben leicht solche Vorwürfe und dachten sich wenig dabei (Mt 11,
18). Der Wahn, daß Goeten mit dämonischer Hilfe heilen und Geister
bannen könnten, war weit verbreitet. Mit inneren Widersprüchen
behaftet ist dieser Vorstellungskreis a n u n d f ü r s i c h , die Logik
muß ihm ferne bleiben. Es ließe sich der Argumentation Jesu eine

solche Tragweite geben, daß dadurch der ganze Dämonenglaube als irrational über den Haufen fiele. Das würde wohl über seine Absicht hinausgehn. Denn er erscheint hinsichtlich dieses Punktes befangen in der Meinung seiner Zeitgenossen.

§ 18. 3, 31–35 (Mt 12, 46–50. Lc 8, 19–21).

Und seine Mutter kam und seine Brüder, und draußen stehn bleibend ließen sie ihn zu sich herausrufen; es saß nämlich eine Menge um ihn herum. [32] Und man sagte ihm: deine Mutter und deine Brüder sind draußen und suchen dich. [33] Und er antwortete: wer ist meine Mutter und meine Brüder? [34] Und er schaute die rings um ihn Sitzenden an und sprach: siehe da meine Mutter und meine Brüder; [35] jeder der den Willen Gottes tut, der ist mir Bruder und Schwester und Mutter.

3, 31 setzt 3, 20 s. fort. Die Meinung der Verwandten, er sei von Sinnen, und ihre Absicht, ihn heimzuholen, ist wesentlich zum Verständnis der ablehnenden Haltung Jesu gegen sie. Sie unterscheiden sich nicht von den andern Nazarenern, ein Prophet gilt nichts in seiner Vaterstadt und bei den Seinen. Übrigens hat ihr Unternehmen nur Sinn, wenn er der Familie noch nicht entwachsen ist, und wenn er sich noch nicht lange Zeit von Hause entfernt hat. Sie haben jetzt erst von seinem Treiben in Kapernaum erfahren und von dem Aufsehen, das er dort erregte.

3, 32. Die Schwestern sind hier aus 3, 35 eingetragen, wo sie am rechten Ort stehn. Daß der Vater nicht genannt wird, hat man auf Tendenz zurückgeführt, als huldige auch Mc den Anschauungen der Vorgeschichte bei Matthäus und Lukas. Indessen bleibt doch deutlich zu erkennen, daß Maria von der Vorgeschichte ihres Sohnes nichts weiß. Das Fehlen des Vaters wird einen natürlichen Grund haben und daran liegen, daß er nicht mehr am Leben ist.

3, 35. Der Spruch hat in Mt 7, 21 einen Widerhall gefunden. Dort ist der Wille Gottes verstanden als der allgemein bekannte, man wird ihn also wohl auch hier nicht auf die Anerkennung Jesu beschränken dürfen. Die Latina wiederholt das μου nach jedem Substantiv; die nur einmalige Setzung ist wider den semitischen Stil. Man kann aber mit der Voranstellung des μου im Cantrab. auskommen; dann entspricht es einem semitischen Dativ.

§ 19.   4, 1–9 (Mt 13, 1–9. Lc 8, 4–8).

Und er begann wiederum zu lehren am See, und ein sehr
großer Haufe sammelte sich zu ihm, so daß er in das Schiff
sitzen ging auf dem See, und die ganze Menge stand am Ufer.
² Und er lehrte sie viel in Gleichnissen und sagte zu ihnen in
seiner Lehre: ³ Hört zu! Ein Säemann ging aus zu säen. ⁴ Und
beim Säen fiel Etliches den Weg entlang und die Vögel kamen
und fraßen es auf. ⁵ Und Anderes fiel auf den steinigen Boden,
wo es nicht viel Erde hatte, und es lief alsbald auf, weil es nicht
in tiefer Erde lag, ⁶ und als die Sonne aufging, litt es unter der
Glut, und weil es keine Wurzel hatte, verdorrte es. ⁷ Und Anderes
fiel auf die Dornen, und die Dornen liefen auf und erstickten es,
und Frucht brachte es nicht. ⁸ Und Anderes fiel auf das gute Land
und brachte Frucht, lief auf und wuchs und trug dreißig-, sechzig-,
hundertfach. ⁹ Und er sprach: wer Ohren hat zu hören, der höre.

Hier beginnt ein drittes Kapitel, die Parabeln § 19—24. Daß
Jesus liebte in Gleichnissen zu reden, sieht man schon aus 3, 23.
Zwischen Vergleich, Sprichwort, Parabel, Allegorie macht das semitische m a s c h a l , m a t h l a keinen Unterschied; auch die c h i d a
(Rätsel) kann unter den selben, sehr weiten und unbestimmten Begriff
fallen. Man darf also hier keine scharf begrenzenden Kategorien auf-
stellen, etwa gar nach der Rhetorik der Griechen. Es ist zwar richtig,
daß das semitische Gleichnis sehr oft nur einen Punkt trifft und grell
beleuchtet, während alles Übrige hors de comparaison und im Dunkel
bleibt. Doch kann es auch auf mehrere Punkte der verglichenen Sache
passen und der Allegorie entsprechen oder ihr nahe kommen. Dies
grundsätzlich auszuschließen und damit noch zu prahlen, muß man
Bernhard Weiß überlassen. Man darf nicht Alles über einen Kamm
scheren, sondern muß sich nach der Natur des einzelnen Falles richten.
Berechtigt ist nur der Protest gegen die Manier des Philo und seiner
Nachfolger, überall Allegorie zu finden und dabei womöglich einen
doppelten Sinn anzunehmen, den natürlichen und den höheren. Aber
darüber sind wir doch glücklich hinaus.

4, 1. Ἐπὶ τῆς γῆς fehlt im Cantabr., in der Latina und Syra. In
der Syra fehlt auch weiterhin noch einiges Weitläufige und Unbeholfene.

4, 2. Durch ἐν τῇ διδαχῇ αὐτοῦ wird angedeutet, daß nur Einiges
unter Anderem behalten und überliefert ist, was Jesus sagte; vgl. 12, 38.

4, 3. Alltäglicher Vorgang wird hier im Präteritum als Geschichte erzählt, wie in der Allegorie. Dagegen § 22 steht das Präsens,
wie im gewöhnlichen Gleichnis, mit der Einleitung: es ist wie wenn.
„Höret" als Eingang der Rede, wie 7, 14; im Alten Testament gewöhnlich mit folgendem Vokativ.

4, 4. Zu παρὰ τὴν ὁδόν vgl. „Moses ward ausgesetzt παρὰ τὸν
ποταμόν", wie der Cantabr. zu Act 7, 21 liest. Bei den Arten des
Bodens steht überall der Artikel, der aber nicht eigentlich determiniert.

4, 7. Die Dornen sind keine Büsche, welche im Alten Testament
(Judic 9) vielmehr als Bäume gelten, sondern Unkraut, das zugleich
mit der Saat aufgeht. Der Ausdruck ζιζάνια kommt nur Mt 13 vor.
Καρπὸν διδόναι und ἀναβαίνειν (aufwachsen) sagt man im Hebräischen
und Aramäischen.

4, 8. Der Wechsel von εἰς und ἐν ist unerträglich, man muß nach
4, 20 überall ἐν lesen, mit dem Cantabr. Und zwar ist dies das Zahl-
wort ἕν und entspricht dem aramäischen c h a d = mal, vgl. Dan 3, 19.
Papyr. Eleph. ed. Sachau 1, 3.

§ 20.   4, 10—20 (Mt 13, 10—23. Lc 8, 9—15).

Und als er allein war, fragten ihn seine Begleiter, samt
den Zwölfen, um die Gleichnisse. [11] Und er sprach zu ihnen:
Euch ist das Geheimnis des Reiches Gottes gegeben, zu denen
da draußen aber ergeht Alles im Gleichnis, [12] damit sie sehen
und nicht erkennen, hören und nicht verstehn, auf daß sie nicht
umkehren und Vergebung finden. [13] Und er sprach zu ihnen: Ihr
versteht das Gleichnis nicht, wie wollt ihr denn die anderen
Gleichnisse verstehn? [14] Der Säemann sät das Wort. [15] Das
aber sind die am Wege: wo das Wort eingesät wird, und wenn
sie es hören, kommt alsbald der Satan und nimmt das in sie gesäte
Wort weg. [16] Und dies sind die gleichsam auf steinigen Boden
Gesäten: die, wenn sie das Wort hören, es alsbald mit Freude
aufnehmen, [17] aber sie haben keine Wurzel an sich, sondern sind
wetterwendisch; wenn dann Drangsal oder Verfolgung wegen des
Wortes eintritt, fallen sie alsbald ab. [18] Und andere sind die in
die Dornen Gesäten; das sind die, die, wenn sie das Wort gehört
haben, [19] so dringen die Sorgen der Welt und die Täuschungen
des Reichtums ein und ersticken das Wort, und es bleibt ohne

Frucht. ²⁰ Und das sind die, die auf das gute Land gesät sind:
die das Wort hören und es aufnehmen und Frucht bringen,
dreißigfältig und sechzigfältig und hundertfältig.

4, 10. Tritt hier ein Scenenwechsel ein, so daß Jesus das Schiff
verläßt und fürderhin (z. B. § 21—24) nicht mehr zu dem Volke
redet? Das würde sich mit 4, 33. 36 nicht reimen. Oder soll man
sich seine Begleiter samt den Zwölfen mit ihm im Schiff denken?
Das ist kaum möglich. Es fällt ferner auf, daß statt der Jünger die
Zwölf genannt werden und daß sie neben den Begleitern in zweiter
Linie stehn; sie scheinen nachgetragen zu sein. Endlich läßt sich
der Plural τὰς παραβολάς an dieser Stelle kaum verstehn. Matthäus
und Lukas beseitigen diese Schwierigkeiten, nach ihnen auch der
Cantabr. und die Syra zu Mc.

4, 11. 12. Das Säen des Samens wird hier ohne weiteres gedeutet auf das Mysterium des Reiches Gottes, d. h. der Kirche. Ein
Gleichnis dient zwar zunächst dazu, Höheres durch Näherliegendes
zu veranschaulichen. Da aber die Pointe gefunden sein will, so
dient es auch dazu, die Aufmerksamkeit und das Nachdenken sowohl
anzuregen als auf die Probe zu stellen. Daß Jesus es auch zu diesem
Zweck angewandt hat, ebenso wie Jesaias und andere Lehrer, braucht
nicht bezweifelt zu werden. Indessen ist das doch nicht der Esoteris-
mus, der in 4, 11. 12 und halbwegs auch 4, 34 angenommen wird;
dieser wird nicht bloß durch 4, 21 ausgeschlossen, sondern widerspricht auch schon dem Sinn des ersten Gleichnisses: sie verstehn
alle das Wort, aber sie beherzigen es sehr ungleichmäßig. Die Beziehung auf das Mysterium des Reiches Gottes, woran der Esoteris-
mus hängt, ist also nicht richtig; die Verse 11 und 12, in denen er am
schroffsten hervortritt, sind zudem interpoliert, wie sich sogleich
zeigen wird.

4, 13 setzt die in 4, 11. 12 begonnene Rede an die Jünger nicht
fort, sondern geht aus einem anderen Ton und schließt direkt an 4, 10.
Lukas läßt darum diesen Vers aus, und Matthäus setzt eine Selig-
preisung an stelle des Scheltens. Wenn man aber zu wählen hat, so
muß man sich ohne Frage für 4, 13 und gegen 4, 11. 12 entscheiden.
Πάσας ist semitisch für die übrigen.

4, 14. Nach 4, 17 ist d a s W o r t hier das, was wir das Evangelium zu nennen gewohnt sind, das Wort vom Reich Mt 13, 19, das
Wort Gottes Lc 8, 11.

4, 15. Vor ὅπου gehört ein Kolon, denn damit beginnt die Erklärung; vgl. Daniel 7, 17. 23. 24. Apoc 1, 20. 17, 8. Οἱ παρὰ τὴν ὁδόν
ist das zu Erklärende, eine kurze Markierung des ganzen Inhalts von
4, 4, mit der nach 4, 14 berechtigten Vorwegnahme, daß der Boden,
auf den der Same fällt, die Hörer sind. Die Erklärung selber ist nicht
bloß Definition eines Substantivs, sondern bezieht sich auf den ganzen
Vorgang und hat die populäre Form eines Satzes, der mit w o oder
w e n n beginnt. Der Satan entspricht den Vögeln nicht in der Weise,
wie z. B. die Sorgen 4, 18 den Dornen. Anstatt spezieller Ursachen,
welche die Wirkung verhindern, wird hier nur die allgemeine Ursache
alles Bösen angegeben.

4, 16. Ὁμοίως ist wohl ähnlich zu fassen wie ὡς 4, 31, so daß
besser griechisch zu sagen gewesen wäre: ὅμοιοι τοῖς.

4, 17. Richtig gibt Lukas σκανδαλίζονται wieder mit ἀφίστανται.
Σκανδαλίζειν heißt nicht ärgern, sondern zu Fall bringen, verführen.
Zu πρόσκαιρος vgl. עַד יְפֵי כָּב Sirach 6, 8.

4, 19. Καὶ αἱ περὶ τὰ λοιπὰ ἐπιθυμίαι fehlt mit Recht im Cantabr.
Das absolute ὁ αἰών für das, was bei Joa ὁ κόσμος heißt, fällt auf;
Lukas und der Cantabr. lesen τοῦ βίου. Dagegen hat der
Cantabr. τοῦ κόσμου für τοῦ πλούτου.

Auch abgesehen von 4, 11. 12 hat der Kommentar für die Jünger
etwas Esoterisches, d. h. Christlich-kirchliches. Er ist später als die
Parabel und kann nicht von Jesus selber herrühren. D a s W o r t
im Sinne des Evangeliums, die Verfolgung wegen des Evangeliums
und der Abfall davon liegen außerhalb des Gesichtskreises seiner
Gegenwart; die apostolische Gemeinde wird vorausgesetzt und tritt
an stelle des jüdischen Auditoriums. Der wahre Gegenstand der
Parabel ist gar nicht die Saat, sondern der Säemann. Jesus lehrt hier
eigentlich nicht, sondern er reflektiert laut über sich selbst, über den
Erfolg seines Wirkens, betrachtet sich dabei aber nicht als den Stifter
der Kirche oder des Reichs Gottes, sondern einfach als Lehrer der
Juden: jeder andere Lehrer kann ebenso sprechen. ,,Ich streue den
Samen aus, weiß nicht wohin er fällt. Gewiß zumeist auf unfrucht-
baren Boden. Auf die Gefahr hin: ich muß ihn ausstreuen. In einigen
Herzen wird er doch auch Frucht tragen.'' Ähnlich die alten Propheten. Nach der 4, 11. 12 angeführten Stelle predigt Jesaias nicht
bloß tauben Ohren, sondern verstockt die Hörer erst recht durch seine
Predigt; aber so ist es beschlossen: er hat zu predigen, das Andere

ist Gottes Sache. Wie übrigens Isa 6 nicht wirklich in den Anfang
von Jesaias Auftreten gehört, so hat auch Jesus Mc 4 bereits Erfah-
rungen gemacht, die ihn vor einer Täuschung über den Wert des Bei-
falls bewahren, der ihm zu teil geworden ist. Denn allgemeinen Beifall
hat er gefunden; nirgends tritt eine Spur davon hervor, daß der Same
auf Widerstand stößt und abprallt. Das unterscheidet Jesum von
Jesaias und Jeremias.

§ 21. 4, 21—25 (Lc 8, 16—18).

Und er sagte zu ihnen: kommt etwa das Licht, um unter
den Scheffel oder unter das Bett, nicht vielmehr, um auf den
Leuchter gestellt zu werden? ²² Denn es ist nichts Verborgenes,
das nicht zu tage trete, und nichts Geheimes, das nicht offenbar
werde. ²³ Wer Ohren hat zu hören, der höre.
²⁴ Und er sagte zu ihnen: beachtet was ihr hört! Das Maß,
das ihr zumesset, wird euch zugemessen werden [und noch drüber
hinaus]. ²⁵ Denn wer hat, dem wird gegeben, und wer nicht hat,
dem wird auch das, was er hat, weggenommen.

4, 21. Der Same muß überallhin ausgestreut werden, das Licht
überallhin leuchten. Der Spruch reimt sich nicht mit 4, 11. 12. Bei
Mc ist das Licht, das auf den Leuchter gestellt wird, jedenfalls die
L e h r e J e s u. Bei Mt 5, 15. 16 freilich der gute Wandel der Jünger,
aber diese Deutung ist gesucht.

4, 22 ist zwar durch γάρ an 4, 21 angeschlossen, in Wahrheit
aber isoliert. Bei Mt 10, 26s. Lc 12, 2s. motiviert der Spruch die Aufforderung an die Jünger, in voller Öffentlichkeit zu verkünden, was
Jesus nur im Winkel gesagt hat. Auch Mc mag bei dem κρυπτόν an
das Evangelium, das Samenkorn des Reiches Gottes gedacht haben.
Ἐὰν μή wechselt mit ἀλλά, beides entspricht dem aramäischen i l l â.

4, 24 wird deutlich von dem Vorhergehenden abgehoben. „Beachtet was ihr hört" ist eine Aufforderung zur Aufmerksamkeit, wie
4, 3. 7, 14, die nicht in inhaltliche Beziehung zu dem folgenden Spruch
gesetzt werden darf. Dieser erscheint nicht nur bei Matthäus (7, 2),
sondern auch bei Lukas (6, 38) in anderer Umgebung.

4, 25 scheint eine Begründung zu καὶ προστεθήσεται ὑμῖν sein zu sollen.
Aber das fehlt im Cantabr. und steht schwerlich in innerem Zusammenhang mit diesem unklaren Spruch; er ist ebenso lose angeschlossen

wie 4, 22. Bei Matthäus und Lukas wird er wiederholt in der Parabel von den Talenten. Ob er indessen dort seinen wahren Ort hat, läßt sich bezweifeln. Wie sollte Mc darauf gekommen sein, ihn herauszureißen und unverständlich zu machen? Im allgemeinen hat die Vereinzelung und die rein äußerliche Aufreihung der Sprüche die Präsumtion des Ursprünglichen für sich. Nicht als ob Jesus selber lauter Apophthegmata von sich gegeben hätte; aber von dem was er sagte sind vielfach nur auffällige Einzelheiten behalten und diese hernach zu Bausteinen einer neuen Struktur verwendet. Übrigens findet sich unser Spruch bei Lukas und annähernd bei Matthäus auch an der selben Stelle wie bei Mc.

§ 22.   4, 26—29.

Und er sprach: Mit dem Reiche Gottes ist es so, wie wenn einer Samen auf das Land wirft [27] und schläft und steht auf Nacht und Tag, und der Same sprießt und geht in die Höhe, er weiß nicht wie: [28] von selbst trägt die Erde Frucht, erst Halm, dann Ähre, dann ausgewachsener Weizen in der Ähre. [29] Wenn aber die Frucht es gestattet, so läßt er alsbald die Sichel ausgehn, denn die Ernte ist da.

Der Säemann tritt hier ganz zurück hinter der Saat, dem Reiche Gottes. Dieses wird 4, 26 nicht mit einer Sache, sondern mit einem Vorgange verglichen und ebenso aufgefaßt wie 4, 11: es entsteht auf Erden aus einem Keim, kommt nicht auf einmal fertig vom Himmel herunter. Οὕτως ... ὡς ἄνθρωπος βάλῃ 4, 26 mutet nicht griechisch an. Ebensowenig der Wechsel des Verbalmodus 4, 27, der mit dem Subjektswechsel (καὶ ὁ σπόρος) eintritt, gleich als ob ein semitischer Zustandssatz vorläge: „während der Same sprießt". Das nackt (ohne γάρ) vorangestellte, eigentümlich griechische αὐτομάτη 4, 28 hebt sehr nachdrücklich die Pointe hervor. Καρποφορεῖ verträgt kein Objekt, und vermutlich sind die folgenden Substantive eigentlich alle als Nominative gemeint, während jetzt nur das letzte in diesem Casus steht, welcher unmöglich bloß durch πλήρης veranlaßt sein kann (Blass § 31, 6). Der Schluß 4, 29 schießt über. Durch den Bauer guckt der Weltrichter hervor, der hier nichts zu tun hat. Der Hauptsatz ist biblische Reminiscenz (Joel 4, 13 vgl. Dt 16, 9), und der Vordersatz griechisch: τοῦ θεοῦ παραδιδόντος sagt Herodot und τῆς ὥρας παραδιδούσης Polybius.

§ 22 ist nur eine Variante von § 19: indem der Säemann den Samen streut, gibt er ihn aus der Hand und überläßt der Erde, was daraus wird. Aber in § 19 werden Unterschiede in der Güte des Bodens gemacht, in § 22 nicht. Dort gelangt der Same nur im günstigen Fall zur Reife, hier unter allen Umständen. Dort ist die Stimmung resigniert, weil der Blick am Vordergrunde haftet; hier ist sie hoffnungsvoll, zwar nicht jubilierend, aber von ruhiger Zuversicht, weil der Blick in die Weite geht und die Zukunft übersieht. Der Säemann kann seiner Wege gehn; er hat einen Prozeß eingeleitet, der ohne ihn mit innerer Notwendigkeit sich auswirkt und zum Ziel gelangt — mit der Zeit.

Es fällt auf, daß weder Matthäus noch Lukas diese Perikope wiedergeben. Daß sie sie in ihrem Markus noch nicht vorgefunden hätten, läßt sich kaum annehmen; für einen ganz späten Nachtrag ist sie zu originell. Aber sie haben vielleicht ihre Originalität verkannt, sie im Vergleich mit § 19 für nichtssagend gehalten, oder sich Jesus nicht so zurückgezogen und losgelöst von seiner Stiftung denken mögen. Auch die meisten Exegeten alter und neuer Zeit haben kein Verhältnis zu der edeln Parabel finden können. Aber Goethe hat sie verstanden: mein Acker ist die Zeit.

§ 23. 24. 4, 30—34 (Mt 13, 31—35. Lc 13, 18—21).

Und er sprach: wie läßt sich das Reich Gottes vorbilden oder in welchem Gleichnis läßt es sich darstellen? [31] Es ist wie ein Senfkorn; wenn das aufs Land gesät wird, ist es am kleinsten von allen Samen auf Erden, [32] wenn es aber aufwächst, wird es am größten von allen Kräutern und treibt große Zweige, so daß unter seinem Schatten die Vögel des Himmels wohnen können. [33] Und in vielen solchen Gleichnissen redete er ihnen das Wort, so wie sie es verstehen konnten. [34] Und ohne Gleichnis redete er nicht zu ihnen, privatim aber gab er seinen Jüngern die Lösung von Allem.

4, 30. Das Exordium hat hier die Form semitischer Poesie. Der Parallelismus der Glieder findet sich ebenso Lc 7, 31. 13, 18, fehlt dagegen Lc 13, 20 und Mt 11, 16. 13, 31. — Das Samenkorn ist nicht mehr das Wort, sondern gradezu das Reich Gottes, das sich als Kirche auf Erden entwickelt, aus winzigen Anfängen.

4, 31. 32. Ὡς κόκκῳ (4, 16. 26) wird von Lukas richtig erklärt
mit ὁμοία ἐστίν. Weiterhin habe ich den unmöglichen griechischen
Text verständlich zu machen gesucht, so gut es ging, teilweise unter
Benutzung des Cantabrig. Das zweite σπαρῇ halte ich für irrig
wiederholt.

4, 34 paßt schlecht zu καθὼς ἠδύναντο ἀκούειν 4, 33 und stammt
von der selben Hand, die 4, 11. 12 zugesetzt hat.

§ 25.   4, 35—41 (Mt 8, 23—27. Lc 8, 22—25).

Und er sagte zu ihnen jenes Tages, als es Abend geworden
war: laßt uns auf das andere Ufer fahren. [36] Und sie ließen die
Menge stehn und nahmen ihn zu sich, wie er war, im Schiff; es
waren aber auch andere Schiffe dabei. [37] Und ein großer Wind-
sturm entstand, und die Wogen schlugen an das Schiff, so daß
sich das Schiff schon füllte. [38] Und er selber war im Hinterteil
und schlief auf einem Kopfkissen. Und sie weckten ihn und
sagten: Meister, kümmert es dich nicht, daß wir zu grunde gehn?
[39] Da wachte er auf und schalt den Wind und sagte: schweig, halt
den Mund! Und der Wind legte sich, und es ward große Stille.
[40] Und er sprach zu ihnen: was seid ihr bange! so wenig Glauben
habt ihr? [41] Und sie fürchteten sich sehr und sagten zu einander:
wer ist denn dieser, daß auch Wind und See ihm gehorchen.

Eine vierte Gruppe, die mit § 25 anfängt und nur wenige, aber
sehr lebendige und für Mc charakteristische Erzählungen umfaßt,
reiht sich an eine Fahrt über den See an, ebenso wie die beiden folgenden Abschnitte § 32 ss. 39 ss. Hier verläßt Jesus aber sofort das
Gebiet der Dekapolis, nachdem er kaum den Fuß aufs Land gesetzt hat.

4, 35. 36. Der durch 4, 35 geschaffene Zusammenhang mit § 19
stammt erst von der Redaktion, die auch in 4, 36 übergegriffen und
dort besonders die Worte ὡς ἦν eingetragen hat. Denn der Satz „sie
nahmen ihn zu sich wie er war im Schiff" enthält einen inneren Widerspruch; wenn er schon im Schiffe war, brauchten sie ihn nicht erst
noch zu sich zu nehmen. Er mußte aber schon im Schiffe sein, wenn
die Einheit des Ortes und der Zeit mit § 19 festgehalten werden sollte.
Also hat ὡς ἦν den Zweck, zu verdecken, daß die Situation von § 25
in Wahrheit nicht die von § 19 ist: Jesus ist hier an Land und wird

von den Jüngern in das Schiff (ἐν τῷ πλοίῳ = εἰς τὸ πλοῖον vgl. 5, 30) aufgenommen. Mit Recht respektieren Matthäus und Lukas die Einleitung des Mc nicht. Die Angabe, daß auch noch andere Schiffe dabei waren, trägt für den Zusammenhang nichts aus und könnte auf wirkliche Tradition hinweisen.

4, 38. Das Schlafen im Sturm hat Jesus mit Jonas gemein. Sonst aber nichts; unsere Geschichte ist nicht der Widerhall der Geschichte von Jonas.

4, 39. Τῇ θαλάσσῃ scheint eingetragen zu sein, es steht im Cantabrig. an anderer Stelle. Der Wind macht den Lärm, der Wind wird gescholten, und der Wind beruhigt sich. Der See ist nur leidender Teil, er wird nicht als Dämon aufgefaßt, sondern der Wind (πνεῦμα).

4, 40. Πίστις, absolut, ist Gottvertrauen, Mut, und nichts spezifisch Christliches. Es ist die Eigenschaft, die Jesus besaß, als er im Sturme schlief, und die jenem Pfarrherrn gebrach, der sich auf See zu unmittelbar in Gottes Hand fühlte. Οὕτως und πῶς sind Varianten, der Cantabrig. und die Latina haben hier nur ein Wort und zwar οὔπω. Οὕτως οὐκ heißt s o w e n i g, genau wie in 7, 18. Vgl. Epictet III 13, 19.

§ 26.   5, 1–20 (Mt 8, 28–34. Lc 8, 26–39).

Und sie kamen an das andere Ufer des Sees in das Gebiet der Gerasener.   ² Und als sie aus dem Schiff stiegen, kam ihm alsbald ein Mensch mit einem unreinen Geist entgegen; ³ der hauste in den Grabstätten und niemand hatte ihn bis dahin binden können, auch nicht mit Fesseln; [⁴ denn oft, wenn er an Händen und Füßen gefesselt war, zerriß er die Handfesseln und zerrieb die Fußfesseln, und niemand vermochte ihn zu bändigen;] ⁵ und zu aller Zeit, Nacht und Tag, war er in den Grabstätten und auf den Bergen und schrie und schlug sich mit Steinen. ⁶ Und da er Jesus von ferne sah, lief er und fiel vor ihm nieder und rief laut: was habe ich mit dir zu schaffen, Jesus, du Sohn des höchsten Gottes! ich beschwöre dich bei Gott, quäl mich nicht! [⁸ Er hatte ihm nämlich gesagt: fahr aus von dem Menschen, du unreiner Geist!] ⁹ Und er fragte ihn: wie heißt du? Und er sagte: ich heiße Legion, denn unser sind viele. ¹⁰ Und er bat ihn sehr, daß er sie nicht aus dem Lande triebe. ¹¹ Es war aber dort

am Berge eine Herde von Schweinen auf der Weide, [12] und sie
baten ihn: laß uns in die Schweine, daß wir in sie einziehen.
[13] Und er gestattete es ihnen, und die unreinen Geister fuhren
aus und zogen in die Schweine; und die Herde stürmte den steilen
Abhang hinab in den See, wohl zweitausend Stück, und sie er-
tranken im See. [14] Ihre Hirten aber flohen und berichteten es
in der Stadt und den Weilern. Und (die Leute) kamen, zu sehen
was geschehen war. [15] Und sie kamen zu Jesus und sahen den
Besessenen, wie er bekleidet und vernünftig dasaß, und sie fürchteten sich. [16] Und die Augenzeugen erzählten ihnen, wie dem
Besessenen geschehen war, und die Sache mit den Schweinen.
[17] Und sie begannen ihn zu bitten, er möge aus ihrem Gebiete
weichen. [18] Und da er in das Schiff stieg, bat ihn der ehemals
Besessene, bei ihm bleiben zu dürfen. [19] Und er erlaubte es ihm
nicht, sondern sagte ihm: geh nach Hause zu den Deinigen
und melde ihnen, wie großes Gott an dir getan und sich deiner
erbarmt hat. [20] Und er ging und begann in den zehn Städten
laut zu verkünden, wie großes Jesus an ihm getan, und Alle ver-
wunderten sich.

5, 1. Man darf annehmen, daß Mc, Matthäus und Lukas hier
ursprünglich den selben Ort genannt haben, der erst durch die Text-
geschichte differenziert wurde. Gerasa ist zu weit vom See, Gadara
auch nicht nahe genug; beide Orte liegen zudem zu südlich, da Jesus
sich sonst stets am oberen Teil des Sees aufhält. Die Lesart Γεργεσηνῶν
(Syra) soll auf einer Konjektur des Origenes beruhen. Der Verdacht
liegt nahe, daß die Γεργεσαῖοι des Alten Testament dabei Paten ge-
standen haben. Die Gegend ist nach 5, 20 die Dekapolis.

5, 2. Zu ἐξελθόντος αὐτοῦ ὑπήντησεν αὐτῷ vgl. 5, 18. 13, 1 und
Blass § 74, 5. Der Cantabrig. hat das Participium im Plural; Plural
und Singular schwanken häufig in den Hss., wenn von Jesus und
seinen Jüngern die Rede ist. Ἐκ τῶν μνημείων fehlt in der Syra, ist
gegenüber 5, 3 überflüssig, und formell verdächtig, da es sonst μνή-
ματα heißt. Die Dämonen lieben die Totenäcker.

5, 4 überfüllt die Beschreibung und sieht einer Glosse gleich,
wie E. Klostermann mit Recht bemerkt. Das Passiv mit ὑπό kommt
sonst nur in der Einleitung vor (1, 5. 9. 13).

5, 7. Ὕψιστος für Gott findet sich sonst nur bei Lukas. Es war
eigentlich ein heidnischer Gottesname, der dann von den Juden über-

nommen wurde. Man könnte den Besessenen für einen Heiden halten; die Schweine führen auf heidnisches Land. Aber den Ruf stößt gar nicht der besessene Mensch aus, sondern der Dämon, der weder Jude noch Heide ist.

5, 8 ist ein für das Verständnis der besorgten Äußerung des Dämon ganz unnötiger Nachtrag.

5, 9. Da der Dämon in eine Herde fährt, so muß er ein Plural sein, und unser Vers motiviert den Übergang vom Singular zum Plural. Zu diesem Zweck dient der Name Legion. Wie Jesus dazu kommt, nach dem Namen zu fragen, erklärt sich aus dem Volksglauben, daß zum Bannen eines Geistes die Kenntnis seines Namens gehört. Auch die Vorstellung ist dem Volksglauben nicht fremd, daß die Dämonen in Herden auftreten und scharenweis in einem Menschenleibe Wohnung nehmen. Übrigens nennt ein Dämon nicht gern seinen Namen, und vielleicht vermeidet er es auch hier, indem er statt dessen nur seine Zahl angibt.

5, 10. Hier αὐτά und 5, 13 ἐξελθόντα im Neutrum, dagegen 5, 12 παρεκάλεσαν λέγοντες im Masculinum. Im Cantabrig. werden die πνεύματα und δαιμόνια in der Regel als Masculina behandelt, ohne Rücksicht auf ihr grammatisches Geschlecht. Die Dämonen mögen nicht gern an den Ort zurück, wohin sie gehören (die Hölle oder die öde Wüste), aber sie wechseln leicht ihre Behausung, d. h. den menschlichen oder tierischen Leib, in dem sie sich einlogiert haben. Sie selbst sind nur Geist und nicht mit einem bestimmten eigenen Leibe verwachsen.

5, 13. 14. Wider Erwarten sehen sich die Dämonen nun doch, trotz der Erfüllung ihres Wunsches und gerade dadurch, um das Logis geprellt und können sehen, wo sie bleiben (Lc 11, 24). Das wird mit Behagen erzählt. Ebenso ist den unreinen Tieren das Versaufen gegönnt und ihren heidnischen Besitzern der Verlust: 2000 Stück! Es nimmt Wunder, wie dieser Schwank hat auf Jesus übertragen werden können. Zu ἐξελθόντα εἰσῆλθον vgl. 1, 35. Ἀγρός hat bei Mc den Sinn von q ' r î t h a = vicus und ager, eigentlich ein Gut mit Hörigen.

5, 15. Τὸν ἐσχηκότα τὸν λεγιῶνα korrigiert nachträglich das im Präsens nicht mehr richtige τὸν δαιμονιζόμενον in das Präteritum und ist nach dem Cantabrig. zu streichen. Es fehlt auch in der Syra, die dafür die Korrektur gleich bei τὸν δαιμονιζόμενον anbringt, indem

sie es übersetzt: der, aus dem er den Dämon ausgetrieben hatte. In
5, 16 wiederholt sich ὁ δαιμονιζόμενος, aber in 5, 18 wird das präteritale ὁ δαιμονισθείς dafür gesetzt. Ähnliche Varianten finden sich zu
Joa 5, 13. 9, 24. 36.

5, 19. Ὁ κύριος, für Gott, befremdet; der Cantabrig. liest ὁ θεός.
Man hat wahrscheinlich die Deutung auf Jesus offen lassen wollen,
weil es 5, 20 heißt: was ihm J e s u s getan hatte.

§ 27.   5, 21–43 (Mt 9, 18–26. Lc 8, 40–56).

Und als Jesus zu Schiffe wieder an das andere Ufer kam,
hatte sich eine große Menge gesammelt, um ihn zu erwarten, und
war am See. ²² Und es kam ein Gemeindevorsteher, namens Jairus,
und da er ihn sah, fiel er ihm zu Füßen, bat ihn sehr und sagte:·
²³ mein Töchterchen liegt in den letzten Zügen, komm doch und
leg ihr die Hand auf, damit sie gerettet werde und lebe. ²⁴ Und
er ging mit ihm, und ein großer Haufe folgte ihm, und sie drängten
ihn. ²⁵ Und eine Frau, die zwölf Jahr mit Blutfluß behaftet war
²⁶ und viel von vielen Ärzten befahren und all ihr Gut zugesetzt
hatte, es half aber nichts, sondern wurde mit ihr nur ärger —
²⁷ da die von Jesus hörte, kam sie unter dem Haufen und berührte·
von hinten sein Kleid; ²⁸ denn sie dachte, wenn ich nur seine
Kleider berühre, werde ich gesund. ²⁹ Und der Quell ihres Blutes
vertrocknete alsbald, und sie fühlte es am Leibe, daß sie von der
Plage geheilt sei. ³⁰ Und alsbald merkte auch Jesus, daß die
Kraft von ihm ausgegangen war, und wendete sich um in der
Menge und sagte: wer hat meine Kleider berührt? ³¹ Und seine
Jünger sagten zu ihm: du siehst, wie die Leute sich drängen
und sagst: wer hat mich berührt? ³² Und er sah sich um nach
der, die es getan hatte. ³³ Die Frau aber, voll Zittern und Zagen
— denn sie wußte, was ihr geschehen war — kam an und fiel
vor ihm nieder und sagte ihm die ganze Wahrheit. ³⁴ Er aber
sprach zu ihr: meine Tochter, dein Glaube hat dich gerettet;
geh hin in Frieden und sei genesen von deiner Plage! ³⁵ Wie er
noch redete, kamen Leute des Gemeindevorstehers und sagten:
deine Tochter ist gestorben, was bemühst du noch den Meister!
³⁶ Jesus aber hörte von ungefähr, was da gesagt wurde, und
sprach zu dem Gemeindevorsteher: fürchte dich nicht, hab nur

Glauben! [37] Und er ließ niemand mit sich hineingehn außer
Petrus, Jakobus, und Johannes, dem Bruder des Jakobus. [38] Und
sie kamen an das Haus des Gemeindevorstehers, und er gewahrte
ein Lärmen, wie sie weinten und laut jammerten. [39] Und ein-
tretend sagte er zu ihnen: was lärmt und weint ihr? das Kind
ist nicht gestorben, sondern es schläft. Und sie lachten ihn aus.
[40] Und er trieb alle hinaus, nahm nur den Vater und die Mutter
des Kindes und seine Begleiter mit, und ging dorthin, wo das
Kind war. [41] Und er ergriff die Hand des Kindes und sprach:
Rabitha kumi — das ist verdolmetscht: Mädchen, ich sage dir,
steh auf! [42] Und alsbald stand das Mädchen auf und ging herum,
sie war nämlich zwölf Jahre alt. Und sie gerieten alsbald ganz
außer sich. [43] Und er gebot ihnen ernstlich, daß es niemand er-
fahre, und sagte, man solle ihr zu essen geben.

5, 21. Ich habe nach Lc 8, 40 verstanden.

5, 22. Es befremdet, daß bei Jairus (ebenso wie bei Bartimäus)
der Name genannt wird; im Cantabrig. und bei Matthäus fehlt er
aber, auch in 5, 30. 38 wird nur der Titel genannt.

5, 23. Zu ἵνα vgl. Blass § 64, 4.

5, 25. Hier wird eine andere Geschichte eingeschachtelt, was
sich sonst nirgend findet. Zu ihrer Motivierung dient das große Gedränge, von dem vorher die Rede war.

5, 34. Ἴσθι esto für γίνου findet sich noch Mt 2, 13. 5, 25, Joa
20, 27 (D), ferner öfters im Sirach, bei Epiktet und in den klement.
Homilien. Vgl. GN 1906, 181 und ThLZ 1908, 38.

5, 37. Andreas erscheint nicht unter den Intimen.

5, 38. Richtig erklärt der Cantabrig.: θόρυβον κλαιόντων καὶ
ἀλαλαζόντων.

5, 41. Statt ταλιθα steht im Cantabrig. ραββι θαβιτα. Das ist von
griechischen Abschreibern verderbt und muß richtig heißen: ραβιθα.
Denn ραββι gibt hier keinen Sinn; θα ist falsch davon getrennt und
dann mit ungenauer Wiederholung von βιθα zu θαβιτα geworden,
vielleicht unter Erinnerung an Act 9, 36. 40: Ταβιθα ἀνάστηθι. Denken
ließe sich übrigens auch, daß der Vokativ ursprünglich wiederholt
war: ραβιθα ραβιθα — vgl. Aphraates ed. Wright p. 165. Wie dem
auch sei, ραββιθα gehört jedenfalls zusammen, und das doppelte β verdankt seine Entstehung einem Unkundigen, der Rabbi herauslesen
wollte. R â b î t h â ist das Femininum zu r â b i â und heißt das

Mädchen; in der jüdischen Literatur ist es einigermaßen (doch nicht ganz) verdrängt durch die sonderbare Deminutivform r i b a. T a - l i t h a ist gleichbedeutend, jedoch edler und weniger dialektisch, also wahrscheinlich Korrektur. Auf die merkwürdige Erscheinung, daß wir hier eine aramäische Variante haben, hat zuerst Credner (Beiträge 1, 494) die Aufmerksamkeit gelenkt. Für κουμ, die spätere (mesopotamische) Form, bietet der Cantabrig. κουμι, die alte (palästinische) Form des Imperativs der 2. s. f.

5, 43. Den Besessenen 5, 19 fordert Jesus auf, die Wundertat zu verkündigen, hier verbietet er es — natürlich vergebens, denn wie konnte es geheim bleiben, daß das gestorbene Kind von ihm ins Leben zurückgerufen war.

§ 28. 6, 1–6 (Mt 13, 53–58).

Und er ging weg von dort in seine Vaterstadt und seine Jünger folgten ihm. [2] Und am nächsten Sabbat begann er zu lehren in der Synagoge, und die Zuhörer staunten und sagten: woher hat er das? welche Weisheit ist ihm verliehen! und so große Wunder geschehen durch ihn! [3] ist er nicht der Zimmermann, der Sohn der Maria und der Bruder von Jakobus und Joses und Judas und Simon? sind nicht auch seine Schwestern hier bei uns? Und sie stießen sich an ihm. [4] Und Jesus sprach zu ihnen: ein Prophet wird geehrt, nur nicht in seiner Vaterstadt, bei seinen Verwandten und in seinem Hause. [5] Und er konnte daselbst nicht eine einzige Tat tun [nur wenigen Leidenden legte er die Hand auf und heilte sie]. [6] Und er wunderte sich wegen ihres Unglaubens, und er zog in den Dörfern herum und lehrte.

Jesus gibt seinen Aufenthalt in Kapernaum auf und kehrt in seine Heimat zurück, nicht auf Familienbesuch, sondern um dort zu wirken, begleitet von seinen Jüngern. Seine Mitbürger wollen aber nichts von ihm wissen. Dies wird nicht trocken berichtet, sondern dramatisch vorgeführt in einer Scene, die am nächsten Sabbat nach seiner Ankunft in der Synagoge spielt. In der Einleitung (6, 2) heißt es nun, sie seien erstaunt gewesen über sein Lehren, hernach aber läuft das ἐξεπλήσσοντο in ἐσκανδαλίζοντο (6, 3) aus. Das ist nicht das selbe, und man begreift nicht, wie sie sich aus der Bewunderung in den Ärger hinein reden können, ohne daß ein Zwischenfall eintritt.

Auch beziehen sich ihre Äußerungen nicht, wie es nach der Einleitung scheint, bloß auf das gegenwärtige Auftreten Jesu vor ihren Augen, sondern hauptsächlich auf den ihm vorausgegangenen Ruf; sie wollen Jesus, den sie von Kindesbeinen gekannt und bisher als ihres gleichen angesehen haben, nicht plötzlich als den großen Mann empfangen, der er anderswo geworden ist. Seine großen Taten sind nicht bei ihnen geschehen, sondern in Kapernaum. Aus diesem Grunde steht § 28 hinter § 5—27, freilich nicht an ursprünglicher Stelle, denn erst in § 30 wird das Motiv berichtet, warum Jesus Kapernaum verließ. — Anders wie in 3, 31 fällt es in 6, 3 auf, daß der Vater nicht genannt wird; Matthäus hat ὁ τοῦ τέκτονος υἱός, vgl. darüber die Erörterung von Strauß (1835) 1, 295. Πολλοί 6, 2 ist anstößig; denn der Majorität steht keine Minorität gegenüber. Der zweite Satz von 6, 5 widerspricht dem ersten.

§ 29. 6, 7–13 (Lc 9, 1–6. Mt 10, 1–15),

⁷ Und er rief die Zwölf zu sich heran und begann sie paarweis auszusenden, und gab ihnen Macht über die unreinen Geister, ⁸ und befahl ihnen, sie sollten nichts mit auf den Weg nehmen außer einem Stabe, kein Brot, keine Reisetasche, kein Kupfer im Gürtel, ⁹ nur Sandalen an den Füßen und keine zwei Röcke tragen. ¹⁰ Und er sprach zu ihnen: wo ihr Einlaß findet, da bleibt, bis ihr von da weiter wandert; ¹¹ und wo man euch nicht aufnimmt und euch nicht hören will, da geht weg und schüttelt den Staub ab von euren Füßen, ihnen zum Zeugnis. ¹² Und sie zogen aus und predigten, man solle Buße tun, ¹³ und trieben viele Teufel aus und salbten viele Kranke mit Öl und heilten sie.

6, 7. Im Cantabr. ist δύο δύο in ἀνὰ δύο verbessert. Aber sonst kommt die Präposition ἀνά im Neuen Testament fast nur in ἀνάμεσον vor.

6, 8. Der Stab wird bei Matthäus und Lukas verboten. Das Geld ist bei Lukas nicht Kupfer, sondern Silber, und wird nicht im Gürtel, sondern im Beutel getragen. Die πήρα gehört nach Epict. I 24, 11 als Brotbeutel neben der Ölflasche zur Reiseausrüstung, die cynischen Wanderprediger benutzten sie als Bettelsack (Epict. III 22, 10. 50), von den christlichen Bettelwitwen heißt es χῆραι πῆραι (Const. apost. 3, 6).

6, 9. Zum Schluß verfällt die oratio obliqua in oratio recta,
ursprünglich wohl nicht erst bei ἐνδύσησθε, sondern schon bei ὑπο-
δεδεμένους. Ἀλλά wechselt mit εἰ μὴ μόνον 6, 8, gerade wie 4, 22. Auch
die Sandalen werden bei Matthäus und Lukas nicht gestattet. In
bezug auf die χιτῶνες wird nicht verboten, einen zweiten Anzug mitzunehmen, sondern zwei Kleider a n s i c h z u t r a g e n. Man soll
nur einen R o c k anhaben und nicht auch einen M a n t e l.

6, 10. 11. Ein Unterschied zwischen οἰκία und τόπος wird nicht
gemacht. Durch εἰς μαρτύριον wird das Abschütteln als ein dramati-
scher Rechtsakt der Lossagung gekennzeichnet; vgl. Tabari I 1178, 4.

6, 12. Der Inhalt der Missionspredigt ist etwas mager, weil er
als den Lesern bekannt gilt. Matthäus führt ihn weiter aus.

6, 13. Die Ölung der Kranken ragt nur hier in das Evangelium
hinein und zwar als Übung der Apostel. Jesus selber heilt durch Berührung und Handauflegung.

Der § 29 enthält keine historische Tradition so wenig wie § 16.
Der Apostolat wird hier schon durch Jesus gegründet, ohne jedoch
nun auch wirklich in Erscheinung zu treten; die Zwölf machen nur
ein Experiment und sind hinterher genau so unselbständig und passiv
wie zuvor, obwohl das Experiment gelingt. In Wahrheit hat Jesus
keine Übungsreisen mit seinem Seminar veranstaltet. Als Zeugnis
für die Art der ältesten christlichen Mission in Palästina ist aber diese
Reiseinstruktion von Wert. Über das Verhältnis der Zwölf zu den
Aposteln vgl. die Göttinger Nachrichten 1907 p. 1—6.

IIA. Jesus auf unsteter Wanderung. § 30—42.

Der zweite Hauptteil des Mc, der in zwei Hälften zerfällt, beginnt nicht mit § 28, sondern erst mit § 30, dem Eingreifen des Antipas,
dem allerdings jetzt die Spitze abgebrochen ist.

§ 30. 6, 14—29 (Mt 14, 1—12. Lc 9, 7—9).

Und der König Herodes bekam Kunde, denn sein Name
wurde bekannt, und [Einige sagten: Johannes der Täufer ist
von den Toten erstanden, darum wirken die Kräfte in ihm;

¹⁵ Andere sagten: er ist Elias; Andere: ein Prophet wie ein anderer Prophet. ¹⁶ Herodes aber auf die Kunde] sagte: den ich habe enthaupten lassen, Johannes, der ist auferstanden.

¹⁷ Herodes ließ nämlich Johannes festnehmen und hielt ihn gefesselt im Gefängnis, wegen Herodias, der Frau seines Bruders Philippus, die er geheiratet hatte. ¹⁸ Denn Johannes sagte zu Herodes: du darfst die Frau deines Bruders nicht haben. ¹⁹ Und Herodias trug ihm das nach und hätte ihn gern getötet, konnte aber nicht; ²⁰ denn Herodes hatte Scheu vor Johannes, weil er wußte, daß er ein gerechter und heiliger Mann war, und er schützte ihn, und wenn er ihn hörte, geriet er sehr in Bedenken, doch hörte er ihn gern. ²¹ An einem gelegenen Tage aber, als Herodes an seinem Geburtsfesttage seinen hohen Beamten und Würdenträgern und den Vornehmen von Galiläa ein Mahl gab, ²² trat die Tochter der Herodias ein und tanzte, und sie gefiel dem Herodes und seinen Gästen. ²³ Und der König sprach zu dem Mädchen: verlang von mir was du willst, ich will es dir geben! und er schwur ihr: was du auch von mir verlangst, will ich dir geben und sei es die Hälfte meines Königreichs! ²⁴ Sie aber ging hinaus und fragte ihre Mutter: was soll ich verlangen? Sie sagte: den Kopf Johannes' des Täufers. ²⁵ Und alsbald ging sie mit Eile zum Könige hinein und verlangte: ich wünsche, daß du mir auf der Stelle das Haupt Johannes, des Täufers gebest [auf einer Schüssel]. ²⁶ Und der König ward sehr betrübt, doch wegen der Schwüre und wegen der Gäste mochte er sie nicht abweisen, ²⁷ sondern sandte alsbald einen Henker mit dem Auftrage, sein Haupt zu bringen, ²⁸ und der ging hin und enthauptete ihn im Gefängnis und brachte sein Haupt auf einer Schüssel. Und er gab es dem Mädchen und das Mädchen gab es der Mutter. ²⁹ Als aber seine Jünger es hörten, kamen sie und holten seinen Leichnam und bestatteten ihn in einem Grabe.

6, 14. Richtig haben Matthäus und Lukas empfunden, daß Antipas hier nicht von den Jüngern hört, sondern von Jesus selber; zwischen § 29 und § 30 besteht keine Beziehung. Man könnte meinen, das ἤκουσεν würde durch ἀκούσας 6, 16 wieder aufgenommen und hätte das Gerede über Jesus zum Inhalt. Diese Annahme befriedigt indessen nicht. Das wahre, jedoch durch redaktionelles Eingreifen unkenntlich gewordene Objekt ist das Auftreten Jesu in Kapernaum.

Antipas heißt überall in den Evangelien Herodes, und bei Mc nicht
Vierfürst, sondern König. — Natürlich ist ἔλεγον im Plural zu lesen,
mit unbestimmtem Subjekt.

6, 15. Προφήτης ὡς εἷς τῶν προφ. ist schwerlich griechisch. Es
gab auch damals Propheten, die nichts besonderes waren.

6, 16. Die Verse 14. 15 scheinen aus 8, 24 übertragen zu sein.
Schon Lukas hat es befremdlich gefunden (und in seiner Weise ver-
bessert), daß nach dem uns jetzt vorliegenden Texte des Mc der
König nur eine vorher bereits laut gewordene Meinung sich an-
eignet. Wenn seine Äußerung unabhängig und nicht nach Vers 14
zu verstehn ist, so braucht sie nicht wörtlich gemeint zu sein. Bei
BQutaiba, Tabaqât 389, 11, sagt Aggag: ich bin der auferstandene
Aghlab, d. h. ich gleiche ihm wie sein Alterego.

6, 17. Die Präterita in 6, 17 ss. müßten im Vergleich zu 6, 14—16
alle als Plusquamperfecta verstanden werden, wenn echter Zusammenhang bestünde. Αὐτός weist nach aramäischer Weise vor auf Ἡρώδης.
Ebenso 6, 22 αὐτῆς τῆς Ἡρωδιάδος, ferner 6, 18 (D) αὐτὴν γυναῖκα τοῦ
ἀδελφοῦ σου. Da haben wir Subjekt, Genitiv und Objekt bei einander,
die durch ein Pronomen vorweg genommen werden. Der Name
Philippus beruht auf einem Irrtum.

6, 18. Es war verboten, die Frau des Bruders zu heiraten, auch
als Witwe nach seinem Tode. Darum heißt es ,,daß du sie h a s t",
nicht ,,daß du sie ihm abspenstig gemacht hast".

6, 20. Δίκαιος καὶ ἅγιος fällt ganz aus dem Stile des Mc.
Συνετήρει αὐτόν = hob ihn auf, tötete ihn nicht. Für ἠπόρει
haben der Cantabrig. und die Syra ἐποίει. ,,Er machte viel
zu hören", ist zwar gut semitisch, aber neben dem völlig
gleichbedeutenden καὶ ἡδέως ἤκουεν schwerlich richtig. Man wird
die übliche Lesart festhalten müssen: der König geriet in
inneren Zwiespalt, bekam Bedenken, mochte sich aber doch nicht
selbst verleugnen.

6, 21. Die Chiliarchen des Herodes sind auf keinen Fall r ö m i -
s c h e Tribunen und vielleicht überhaupt keine Militärs.

6, 25. Ἐπὶ πίνακι, das 6, 28 am Orte ist, befremdet hier.
Der Wechsel zwischen βαπτίζων und βαπτιστής ist unerträglich. Letzteres
scheint die jüngere Form zu sein.

6, 27. S p e c u l a t o r in der Didaskalia 75, 6 (ed. Lagarde) ist
δήμιος (Henker) in der entsprechenden Stelle der Constit. apost.

Das Stück 6, 17—39 ist ein parenthetischer Nachtrag zu 6, 14
bis 16. Lukas hat es ausgelassen und nur zum Teil in 3, 18 vorweg
genommen; Matthäus hat die Parenthese am Schluß glatt in den
Zusammenhang übergehn lassen, den sie in Wahrheit unterbricht.
Was Mc hier erzählt, entspricht nicht den Angaben des Josephus.
Nach Josephus wurde Johannes zu Machärus jenseit des Jordans
hingerichtet, Mc setzt dagegen voraus, daß es am Königshof in Galiläa
geschah, da er sagt, die vornehmen Galiläer seien bei der Geburts-
tagsfeier zugegen gewesen. Nach Josephus war das Motiv zu der
Tat die Furcht des Antipas vor politischer Gefährlichkeit des Täufers,
nach Mc lediglich der Haß der Herodias gegen ihn. Den Ausschlag
gibt bei Mc eine Scene, die zwar den Gegensatz des Asceten zu dem
leichtfertigen Treiben am Königshof zu packendem Ausdruck bringt,
aber eben nur eine Scene ist und an innerer Unwahrscheinlichkeit
leidet: vielleicht hat Lukas über den Tanz der Königstochter vor
den zechenden Männern und über die verhängnisvolle Wirkung ihres
Tanzes aus kritischen Bedenken geschwiegen.

§ 31.   6, 30–33 (Mt 14, 13–18. Lc 9, 10–12).

Und die Apostel sammelten sich wieder bei Jesus und berichteten ihm alles, was sie getan und gelehrt hatten.   [31] Und
er sagte ihnen: kommt ihr allein für euch an einen einsamen
Ort und ruht ein wenig aus! Denn es waren deren viele, die
ab und zu gingen, und sie fanden nicht einmal Zeit zu essen.
[32] Und sie fuhren zu Schiff weg an einen einsamen Ort, um allein
zu sein. [33] Aber man sah sie abfahren, und viele erfuhren es und
liefen zu Fuß von allen Städten dorthin zusammen und kamen
ihnen zuvor.

In § 31 soll der Übergang gemacht werden zu § 32. Deshalb
müssen zunächst die Apostel (§ 29) zurückkehren, denn sie haben
in § 32 zu tun. Da ferner aber der Schauplatz von § 32 jenseit des
Sees sein soll, so müssen sie auch noch über den See geschafft werden.
Es geschieht auf eigenartige Weise. Sie sollen sich von der anstrengen-
den Reise erholen, aber wegen des Volksandrangs nicht daheim,
sondern durch eine abermalige Reise über das Wasser in die Einsamkeit. Dabei kommen sie jedoch vom Regen in die Traufe. Denn
auch die Menge muß mit, weil sie für § 32 unentbehrlich ist. Die

Leute gehn um den See herum, als ob sie den τόπος κατ᾽ ἰδίαν wüßten,
und kommen an dem Ziel, das sie nicht kennen, auf dem Umwege zu
Fuß schneller an, als Jesus in grader Linie zu Schiff. Dies alles nimmt
sich sehr künstlich aus, es ist eine redaktionelle Verknüpfungsarbeit,
die große Ähnlichkeit mit Joa 6, 22—24 hat. Matthäus und Lukas
legen mit Recht keinen Wert darauf.

Verbinden wir das Urteil über § 31 mit dem über § 29 und § 30
Gesagten, so scheint eine spätere Redaktion den Anfang des zweiten
Teils überhaupt stark überarbeitet und den wahren Zusammenhang
der Dinge völlig verdunkelt zu haben. Nach dem uns jetzt vorliegenden Texte wird der § 30 bloß benutzt, um die Pause zwischen Aus-
sendung und Rückkunft der Apostel auszufüllen. Als Lückenbüßer
kann aber der König Herodes hier von Haus aus nicht gedient haben.
Er kann auch nicht bei den Haaren herbeigezogen sein, um durch
seine Äußerung Gelegenheit zu dem Nachtrage über das Ende des
Täufers zu geben. Sondern er muß in den richtigen Zusammenhang
hinein gehört haben, sein Auftreten muß an dieser Stelle für die
Geschichte Jesu bedeutungsvoll gewesen sein. Lukas verrät ein
natürliches Gefühl, wenn er Mc 6, 17—39 gànz übergeht und dafür
zu 6, 14—16 den Schluß macht: καὶ ἐζήτει ἰδεῖν αὐτόν. Richtiger
aber wäre zu sagen gewesen: καὶ ἐζήτει αὐτὸν ἀποκτεῖναι. Denn im
zweiten Teil des Evangeliums Marci verläßt Jesus die Machtsphäre
des Antipas, tritt über in benachbarte Gegenden, wo dieser nichts
zu sagen hat, und schweift in der Dekapolis, in der Herrschaft des
Philippus, im Gebiet von Tyrus und Sidon; auch in der Fortsetzung
passiert er zwar Galiläa, aber incognito (9, 30) und nur auf der Durch-
reise nach Jerusalem. Der Grund dafür ist nach der ältesten Überlieferung die Furcht vor Antipas gewesen, und darum steht die Äußerung des Antipas über Jesus am Anfang des zweiten Teils, als ein-
schneidender Wendepunkt. Sie ist nicht so harmlos, wie sie scheint,
sondern enthält eine Todesdrohung. Jesus wird wegen seines großen
Erfolges für einen ebenso gefährlichen Demagogen erklärt, wie Johannes. Die Anekdote 6, 17 ss. wird nicht vorausgesetzt, sondern
die geschichtliche Wahrheit, wonach der Täufer wegen seiner auf-
regenden Wirkung auf die Menge hingerichtet wurde.

Das Stück 6, 14—16 schließt also eigentlich mit einer für Jesus
bedrohlichen Spitze. Warum ist dieselbe aber jetzt abgestumpft und
durch 6, 17—29 gleichsam in Watte gehüllt? Die Antwort darauf

läßt sich aus Lc 13, 31 ss. erscbließen. Dort erhält Jesus den Rat, sich aus dem Staube zu machen, ὅτι Ἡρώδης θέλει σε ἀποκτεῖναι. Er gibt zur Antwort, um Herodes' willen tue er das nicht, aber allerdings müsse er über kurzem aus Galiläa fortwandern, weil es seine Bestimmung sei, in Jerusalem zu sterben und nicht anderswo. Man hat mithin die Furcht vor Herodes nicht als Motiv dafür gelten lassen wollen, daß Jesus Galiläa verläßt und sich endlich nach Jerusalem begibt. Das hat weiter zu dem Bestreben geführt, die Feindschaft des Antipas gegen Johannes und Jesus überhaupt aus der Luft zu schaffen und aus dem Bösewicht einen guten Mann zu machen. Nach Mc 6, 17—29 hört er den Täufer gern und ist trostlos, ihn nicht retten zu können; die Schuld an seiner Hinrichtung wird ihm nach Kräften abgenommen und der Herodias aufgebürdet. Nach Lc 23, 11. 15 erklärt er Jesus für unschuldig, so wenig dieser ihm auch entgegenkommt. Und statt θέλει σε ἀποκτεῖναι Lc 13, 31 heißt es Lc 9, 9: ἐζήτει ἰδεῖν αὐτόν. Vgl. Herder (ed. Suphan) 19, 179. 184.

§ 32. 6, 34–44 (Mt 14, 14–21. Lc 9, 12–17).

Und als er ausstieg, sah er eine große Menge. Und ihn jammerte ihrer, denn sie waren wie Schafe ohne Hirten und er begann sie viel zu lehren. [35] Und bei schon vorgerückter Stunde traten seine Jünger zu ihm und sagten: der Ort ist öde und die Stunde schon spät, [36] entlaß sie, damit sie in die Höfe und Dörfer ringsum gehn und sich was zu essen kaufen. [37] Er aber antwortete ihnen: gebt ihr ihnen zu essen. Und sie sagten: sollen wir hingehn und für zweihundert Silberlinge Brot kaufen und ihnen zu essen geben? [38] Und er sagte: wieviel Laibe Brot habt ihr? geht hin und seht nach! Und als sie zugesehen hatten, sagten sie: fünf Laibe und zwei Fische. [39] Und er hieß sie sich alle lagern, tischweise, auf das grüne Gras. [40] Und sie legten sich beetweise nieder, zu hundert und zu fünfzig. [41] Und er nahm die fünf Laibe und die zwei Fische und sah auf gen Himmel und segnete und brach das Brot und gab es den Jüngern, daß sie es ihnen vorsetzten, und die zwei Fische teilte er unter alle. [42] Und sie aßen alle und wurden satt. [43] Und man hub Brocken auf, zwölf Körbe voll, und etwas Fisch. [44] Und deren die aßen war fünftausend Mann.

6, 38. Die dramatische Umständlichkeit entspricht der Art des Mc, wie überhaupt die liebevolle Inscenierung.

6, 39. 40. Der Ausdruck des Distributivs durch Wiederholung des zu Distribuierenden συμπόσια συμπόσια, πρασιαὶ πρασιαί (wie δύο δύο 6, 7) ist ungriechisch, und ebenso der Gebrauch von πρασιά in dem hier vorliegenden Sinne. Auch der Partitivus ἀπὸ τῶν ἰχθύων 6, 43 mutet nicht eben griechisch an. Das grüne Gras zeigt zwar, daß die ἔρημος keine Sandwüste war, läßt aber nicht etwa auf die Jahreszeit schließen, wie die Saatfelder 2, 23. Das malerische Attribut ist lediglich deshalb zugesetzt, um den nackten Boden zu bezeichnen, der nicht mit einer Decke belegt war, wie es sonst bei Mahlzeiten geschah (Clem. Recogn. 2, 70. 3, 30).

6, 41. In dem Segnen der Speise, dem Brechen des Brotes und der Verteilung durch die Jünger — hier sind es nicht mehr die Apostel oder die Zwölf — will man Anzeichen finden, daß die Speisung der Fünftausend als Vorspiel des heiligen Abendmahls aufgefaßt werden müsse. Daß das Segnen, Brechen und Verteilen des Brotes bei den Juden übliche Sitte war, daß der Wein fehlt und die Fische überschießen, soll nichts ausmachen. In Wahrheit läßt Jesus hier nur das Volk teilnehmen an der Mahlzeit, die er sonst mit seinen Jüngern hielt und bei der er als der Wirt galt.

Die Speisung des Volks für mythisch zu halten, hat man keinen Grund. Das Wunder verschwindet mit den Zahlen, die in der mündlichen Überlieferung regelmäßig entarten. Dann bleibt das freundliche Bild übrig von einem schönen Abend auf einsamer Stelle am See, die Menge liegt in Gruppen auf dem grünen Grase, die Jünger gehn dazwischen her und verteilen Brot und Fische. Die Pointe liegt darin, daß Jesus die Leute nicht bloß mit Lehren abspeist, sondern auch für des Leibes Notdurft sorgt, überzeugt, daß der für ihn und seine Jünger mitgebrachte Vorrat auch für die ungebetenen Gäste schon reichen werde. Vgl. § 39.

§ 33. 6, 45—52 (Mt 14, 22—32).

Und alsbald trieb er seine Jünger in das Schiff zu steigen und vorauszufahren, hinüber nach Bethsaida, um inzwischen selber das Volk zu entlassen. [46] Und als er sie verabschiedet hatte, begab er sich auf einen Berg um zu beten. [47] Und am Abend

war das Schiff mitten auf dem See und er allein am Land. [48] Und
er sah sie sich plagen beim Rudern, denn der Wind war ihnen
entgegen; und um die vierte Nachtwache kam er auf dem See
wandelnd angegangen und wollte an ihnen vorbeigehn. [49] Als
sie ihn nun auf dem See wandeln sahen, meinten sie, es wäre ein
Gespenst, und schrien auf; denn sie sahen ihn alle und entsetzten
sich. [50] Er aber redete sie alsbald an und sprach: seid getrost,
ich bin es, fürchtet euch nicht! [51] Und er stieg zu ihnen ins
Schiff, da legte sich der Wind. · Und sie gerieten ganz außer
sich, [52] denn sie waren durch die Brote nicht zur Einsicht gekommen, denn ihr Herz war verstockt.

6, 45. Bethsaida (vulgär Βησσαιδαν im Cantabrig.) wird bei
Lukas (9, 11) schon vor der Speisung der Fünftausend als Ziel der
Überfahrt genannt, bei Matthäus (auch Mc 8, 22) dagegen mit Still-
schweigen übergangen. Es lag am Einfluß des Jordans in den See,
nicht weit von Kapernaum, aber nicht mehr im Gebiet des Antipas,
sondern des Philippus, der es zu einer Stadt ausbaute und Julias
nannte. Dem vierten Evangelium zu lieb hat man bezweifelt, daß
dieser Ort gemeint sei, und vermutet, es habe einen sonst unbekannten
gleichnamigen Ort dicht bei Kapernaum gegeben. Aber Bethsaida
steht bei Mc zusammen mit Cäsarea Philippi, mit der Dekapolis und
mit dem im Norden Galiläas nach Damaskus sich erstreckenden
Gebiete von Tyrus; und es muß daran festgehalten werden, daß Jesus
sich außerhalb der Herrschaft des Antipas bewegt, bis er 9, 30 wieder
Galiläa betritt, um hindurch zu reisen nach Jerusalem. — Natürlicher
wäre es, wenn wie bei Lukas die Fahrt εἰς τὸ πέραν (in der Syra ausgelassen) πρὸς Βηθσαιδάν vom westlichen Ufer ausginge und mit der
6, 32 eingeleiteten zusammenfiele. Gleich nach der einen Fahrt
fällt die andere auf, da sie doch keine Rückfahrt ist. Nun kann allerdings die Speisung des Volks an dieser Stelle nicht entbehrt werden,
da sie am Anfang und am Schluß von § 33 vorausgesetzt wird. Aber
in der Variante § 39 spielt sie nicht am jenseitigen Ufer; erst nachher
kommt die Fahrt über den See. Und auch in § 32 wird sie ursprünglich noch am diesseitigen Ufer stattgefunden haben und erst nachträglich durch § 31 in eine möglichst fremde, für alle Teilnehmer
gleichmäßig (dagegen 8, 3 καί τινες) weit entfernte Gegend verlegt sein.

6, 46. Jesus muß sich längere Zeit von den Jüngern entfernt
halten, bis zur Morgenfrühe 6, 48.

6, 48. Βασανιζομένους ἐν τῷ ἐλαύνειν scheint geglättet aus βασανιζομένους καὶ ἐλαύνοντας im Cantabr. Auf das merkwürdige ἤθελεν παρελθεῖν αὐτούς hat Strauß (2, 184) den Finger gelegt. Darnach will Jesus zu Fuß quer über den See wandern, um die von ihm zu Schiff vorausgeschickten Jünger zu überholen und am anderen Ufer zu überraschen; vgl. zu Joa 6, 15—21 (21, 1 ss.).

6, 49. Für φάντασμα scheint die Syra δαιμόνιον gelesen zu haben.

§ 34. 6, 53—56 (Mt 14, 34—36).

Und hinübergefahren ans Land kamen sie nach Gennesaret und legten an. ⁵⁴ Und als sie aus dem Schiff gestiegen waren, erkannten ihn die Leute alsbald ⁵⁵ und liefen umher in der ganzen Gegend und begannen rings die Kranken auf den Betten dahin zu bringen, wo sie hörten, daß er war. ⁵⁶ Und wo er in Dörfer oder Städte oder Weiler eintrat, setzten sie die Leidenden auf die Straße und baten ihn, daß sie nur einen Zipfel seines Kleides berühren dürften, und wer daran rührte, wurde gesund.

Für Gennesaret setzen der Cantabr. und die Syra Gennesar, welches nach Josephus, Talmud und 1 Macc 11, 67 die richtige Form ist. Daß statt eines Orts ganz unbestimmt bloß die Gegend genannt wird, könnte man daraus erklären, daß Jesus sich nirgend aufhält, sondern von Ort zu Ort wandert, und die Leute sich erkundigen müssen, wo er ist. Aber εἰς Γεννησαρετ 6, 53 stimmt nicht mit πρὸς Βηθσαιδάν 6, 45; Bethsaida gehört nicht zu Gennesar, also wie kommt das Schiff nach Gennesar, wenn es nach Bethsaida fährt? Daß es vom Winde verschlagen wäre, hätte doch gesagt werden müssen und darf nicht stillschweigend ergänzt werden. Daß § 34 ein Redaktionsstück ist, läßt die Vergleichung mit § 15 vermuten. Vgl. weiter zu § 40. 41.

§ 35. 36. 7, 1—23 (Mt 15, 1—20).

Und die Pharisäer und etliche von Jerusalem gekommene Schriftgelehrte fanden sich bei ihm ein, ² da sie einige seiner Jünger mit gemeinen d. h. mit ungewaschenen Händen hatten essen sehen. ³ Denn die Pharisäer und alle Juden essen nicht,

ohne sich die Hände zu waschen, indem sie die Überlieferung
der Ältesten beobachten; ⁴ und wenn sie von der Straße heim
kommen, essen sie nicht, ohne sich abzuspülen, und vieles andere
haben sie angenommen zu halten, Abspülung von Bechern, Krügen
und Kupfergeschirr. ⁵ Und die Pharisäer und Schriftgelehrten
fragten ihn: warum wandeln deine Jünger nicht nach der Überlieferung der Ältesten, sondern essen mit gemeinen Händen?
⁶ Er aber sprach zu ihnen: Mit Recht hat Esaias von euch Heuch-
lern geweissagt: „dies Volk ehrt mich mit seinen Lippen, ihr
Herz aber ist weit weg von mir; ⁷ nichtig verehren sie mich
mit ihrem Lehren von Menschengeboten". ⁸ Ihr laßt Gottes
Gebot außer Acht und haltet die Überlieferung der Menschen.
⁹ Und er sprach zu ihnen: Ist es recht, daß ihr das Gebot Gottes
außer Kraft setzt, um eure Überlieferung festzuhalten? ¹⁰ Denn
Moses hat gesagt: ehre deinen Vater und deine Mutter, und wer
Vater und Mutter schmäht, soll des Todes sterben. ¹¹ Ihr aber,
wenn jemand zu Vater oder Mutter gesagt hat: Korban d. h.
Opfer sei das, was dir von mir zu gut kommen könnte, ¹² so erlaubt
ihr ihm nicht mehr, für Vater oder Mutter etwas zu tun, ¹³ so daß
ihr das Wort Gottes durch eure Überlieferung ungiltig macht —
und dergleichen tut ihr viel. ¹⁴ Und weiter rief er das Volk herbei
und sprach: Hört mir alle zu und vernehmt! ¹⁵ Nichts, was
von außerhalb in den Menschen hineinkommt, kann ihn verunreinigen, sondern was aus dem Menschen herauskommt, das ist
es, was ihn verunreinigt.

¹⁷ Und als er vor dem Volke sich in ein Haus begeben hatte,
fragten ihn die Jünger um den Spruch. ¹⁸ Und er sagte zu ihnen:
So wenig Verständnis habt auch ihr? seht ihr nicht ein, daß
alles, was von außen in den Menschen hineinkommt, ihn deshalb
nicht verunreinigen kann, ¹⁹ weil es nicht in das Herz, sondern in
den Bauch hineinkommt und zum Darm hinausgeht, der alle
Speisen ausscheidet? ²⁰ Er sprach aber: Was aus dem Menschen
herauskommt, das verunreinigt den Menschen. ²¹ Denn von
innen aus dem Herzen der Menschen kommen die bösen Gedanken heraus, Hurerei, Diebstahl, Mord, Ehebruch, Habsucht,
Bosheit, Arglist, Schamlosigkeit, Abgunst, Lästerung, Hochmut,
Unvernunft. ²² Alles dies kommt von innen heraus und verunreinigt den Menschen.

7, 1. Dies Redestück ist in Wahrheit ohne Ort und Zeit und nur
zur Abwechslung hier eingeordnet, ebenso wie 10, 1 ss. an seiner Stelle.
Die Pharisäer scheinen sich die Schriftgelehrten von Jerusalem zu Hilfe
gerufen zu haben, weil es in Galiläa keine gab oder nicht so namhafte.
    7, 2 läßt sich nicht mit 7, 5 verbinden. Der Cantabr. bietet:
„und da sie sahen ...., misbilligten sie es", aber das wird
suppliert sein. Man muß entweder das καὶ vor ἰδόντες streichen
oder ein Anakoluth annehmen.
    7, 3. 4 ist eine eingeschaltete Erklärung und für nichtjüdische
Leser bestimmt, wie die kleineren Interpretamente 7, 2. 11. Was
πυγμῇ heißen soll, weiß man nicht. Für ῥαντίζειν wird hernach der
technische Ausdruck βαπτίζειν gebraucht.
    7, 5. Περιπατεῖν ist halâkha, παραλαμβάνειν qabbâla,
παράδοσις aschlamta.
    7, 9. Durch καὶ ἔλεγεν markiert Mc die Fugen einer zusammen-
gesetzten Rede, die bei den Andern verdeckt werden, vgl. 2, 27. 4, 11.
13. 7, 20. 8, 21. 9, 1. In der Tat stoßen 7, 8 und 7, 9 hart auf
einander; 7, 9—13 ist nicht Fortsetzung, sondern Parallele zu 7, 6—8.
Dort steht das Zitat voran und der Spruch folgt, hier umgekehrt.
Der Spruch ist beiderorts der gleiche (7, 8. 7, 9), der Beweis aber
verschieden. Dort schlägt Jesus die Gegner mit Jesaias, hier mit
Moses selber und zeigt, daß sie das Gesetz mit dem Zaun ihres Bei-
werkes nicht schützen, sondern ersticken. Formell weicht ἡ παράδοσις
ὑμῶν 7, 9. 13 ab von ἡ π. τῶν πρεσβυτέρων 7, 3. 5. 8. Man hat
darnach nicht nötig, das καλῶς in 7, 9 ebenso zu fassen wie in 7, 6;
in 7, 9 leitet es eine Frage ein.
    7, 11. Λέγετε steht zwar in allen Hss., läßt sich aber neben
οὐκέτι ἀφίετε auf keine Weise verstehn und ist ein Einsatz, der auf
Misverständnis beruht. Wenn der Sohn verschwört den Eltern
etwas zu geben, wenn er sagt, sein Gut sei gleichsam Tabu ihnen
gegenüber, so gilt der Schwur den Rabbinen für heiliger als die Kindes-
pflicht. Mit der wörtlichen Übersetzung von κορβᾶν durch δῶρον ist
hier nichts getan; es ist eine Schwurformel. Bei Josephus contra
Apionem 1, 167 heißt es: „Theophrast sagt in seinem Buche περὶ
νόμων, daß die Gesetze der Tyrier verbieten fremdländische Eide zu
schwören, und er zählt unter anderen Beispielen den κορβᾶν genannten
Eid auf — diese Schwurformel aber möchte sich sonst nirgends finden
als nur bei den Juden."

7, 13. Statt παρεδώκατε müßte es heißen παραδίδοτε im Präsens
oder παρελάβετε im Präteritum. Das Epitheton τῇ μωρᾷ im Cantabr.
macht Eindruck.

7, 14. Es wird ein eigener, neuer Anlauf genommen, um den
prinzipiellen Ausspruch 7, 15 so einzuführen, wie es seiner Wichtigkeit gebührt. Diese Wichtigkeit erhellt auch dadurch, daß ihm in
7, 17 ss. ein Kommentar gewidmet wird, wie in 4, 10 ss. dem Gleichnis
vom Säemann.

7, 17. Zum behuf dieses Kommentars muß sich Jesus in ein Haus
begeben, weil er ihn privatim seinen Jüngern gibt — weiter hat das
Haus keinen Zweck. Ob die Scene in Kapernaum spielt oder anderswo,
weiß man nicht. Παραβολή wird hier ein einfacher Spruch genannt,
der nicht ohne weiteres verständlich ist.

7, 18. Zu οὕτως ἀσύνετοι vgl. 4, 40.

7, 19. Von Abtritt kann nicht die Rede sein; wenn ἀφεδρών
nicht auch den Hinteren bedeuten kann, so ist dafür ὀχετός (Darm-
kanal) zu lesen, mit dem Cantabr. Die Latina (Vercell.) hat neben-
einander: in secessu (ἀφεδρών) exit et exit in rivum (ὀχετός). Man
muß aber nicht verstehn „es geht in den Darm hinaus", sondern
„es geht zum Darm hinaus". Das aramäische Lamed ist irrig
mit εἰς wiedergegeben, statt mit dem bloßen Akkusative: ἐκπορεύεται
τὸν ὀχετόν; vgl. das arabische Äquivalent im christl. Adamsbuch
ed. Trumpp 1880 p. 67 n. 9. Das Participium καθαρίζων ist nicht
einfach Attribut, sondern steht selbständiger, ohne Artikel und im
Casus rectus (D καθαρίζει). D a k k i (καθαρίζειν) ist purgieren im
Sinne von ausscheiden. Daher d u k î t a (Anecd. Syr. ed. Land
2, 196) nicht das r e i n e Gemüse, wie Brockelmann meint, sondern
das beim Putzen des Gemüses Ausgeschiedene, d e r A b f a l l.

7, 20 hebt neu an und bringt eine positive Ergänzung. Matthäus
wird darin Recht haben, daß wie das εἰσπορευόμενον εἰς τὸν ἄνθρω-
πον 'das εἰσπ. εἰς τὸ στόμα ist, so auch das ἐκπ. ἐκ τοῦ ἀνθρώπου
das ἐκπ. ἐκ τοῦ στόματος, also das Wort und nicht der unaus-
gesprochene Gedanke, obwohl er diese Deutung nicht schon in den
Ausspruch Mc 7, 15 hätte eintragen sollen. Mc würde nach Mt 12, 34
die Meinung Jesu besser so interpretiert haben: denn was aus
dem Munde herauskommt, das kommt aus dem Herzen, und
dort ist der Sitz der religiösen Unreinheit; die Natur hat nichts
damit zu tun.

7, 21. Der Plural οἱ ἄνθρωποι wechselt ohne Unterschied mit dem Singular ὁ ἄνθρωπος; im Aramäischen ist beides n â s c h a.

7, 22. ’Οφθαλμὸς πονηρός (Gegensatz Sirach 32, 10. 12. 34, 13) heißt wie in-vidia einfach N e i d. Die Etymologie ist vergessen.

§ 37. Mc 7, 24—30 (Mt 15, 21—28).

Und von da brach er auf und ging in das tyrische Gebiet. Und er trat in ein Haus ein und wollte, daß niemand etwas erführe, konnte aber nicht verborgen bleiben. [25] Sondern eine Frau, deren Tochter einen unreinen Geist hatte, hörte von ihm und kam alsbald und warf sich ihm zu Füßen. [26] Die Frau war aber eine Heidin, Syrophönizierin von Herkunft. Und sie bat ihn, er möchte den Dämon aus ihrer Tochter austreiben. [27] Und er sagte zu ihr: laß erst die Kinder satt werden, denn es gehört sich nicht, den Kindern das Brot zu nehmen und es den Hündchen hinzuwerfen. [28] Sie aber antwortete ihm: aber doch, Herr, essen auch die Hündchen unter dem Tisch von den Brosamen der Kindlein. [29] Und er sprach zu ihr: um dieses Wortes willen — geh hin, der Dämon ist aus deiner Tochter ausgefahren. [30] Und sie ging nach Hause und fand das Kind auf dem Bett liegen und den Dämon ausgefahren.

7, 24. Ob diese Perikope sich an § 34—36 anschließt und ἐκεῖθεν darnach zu verstehn ist, läßt sich bezweifeln. — Jesus macht hier keinen ganz aus der Kehr liegenden Abstecher nach Westen, sondern geht nach Norden. Das Gebiet von Tyrus erstreckte sich beträchtlich landeinwärts. Nach Joseph. Bellum 3, 38 bildete es die nördliche Grenze von Galiläa. Nach Ant. 18, 153 reichte es an das von Damaskus, denn unter den Sidoniern werden wie gewöhnlich nicht die Einwohner der Stadt Sidon zu verstehn sein.

7, 26. ‘Ελληνίς bezieht sich auf die Religion, die Nationalität wird erst mit Συροφοινίκισσα angegeben. D corrigiert Φοίνισσα.

7, 27. „Quicunque edit cum idololatro idem est ac si ederet cum cane“ steht in den Sprüchen des Rabbi Eliezer. Sonderbar aber, daß Jesus nicht κύνες sagt, sondern κυνάρια. Es erklärt sich daraus, daß der Frau Gelegenheit zu ihrer Einrede gegeben werden soll. Denn die Hunde am Tisch der Kinder sind Schoßhunde

7, 28. Die Anrede κύριε findet sich bei Mc nur an dieser Stelle, im Munde einer heidnischen Frau; vgl. 1 Reg 18, 7. Sie widerspricht dem Grundsatz Jesu nicht, sondern macht nur aufmerksam auf eine Ausnahme, die derselbe gestattet. Sie muß natürlich annehmen, daß a u c h b e i d e n J u d e n manchmal Hunde mit den Kindern zusammen am Tisch sind und die abfallenden Brosamen aufschnappen. Vgl. Tobit 5, 16: ὁ κύων τοῦ παιδαρίου.

7, 29. Das Verhalten der Frau bewegt Jesus, seinen Grundsatz in diesem Falle aufzugeben. Daß derselbe ernst von ihm gemeint und bisher befolgt ist, unterliegt keinem Zweifel. Obwohl Mc es nie ausdrücklich sagt und kein Gewicht darauf legt, versteht es sich bei ihm doch von selbst, daß Jesus seine Wirksamkeit auf die Juden beschränkt, ihnen das Reich Gottes ankündigt und sie zur Buße auffordert. Solche Äußerungen wie Mt 8, 11 s. tut er bei Mc niemals; nur in der eschatologischen Rede 13, 10 weissagt er die Ausdehnung der Predigt des Evangeliums auf die Heiden.

7, 30. Βεβλημένον ist r'm ê = liegend. Man hat bemerkt, daß dies bisher das einzige Beispiel bei Mc ist, wo Jesus aus der Ferne heilt, bloß durch sein Wort. Die Erzählung ist also singulär in mehr als einer Hinsicht.

§ 38. 7, 31—37.

Und aus dem Gebiet von Tyrus wieder kam er über Sidon an den See von Galiläa inmitten des Gebiets der zehn Städte. [32] Und sie brachten ihm einen, der nicht hören und kaum reden konnte, und baten ihn, ihm die Hand aufzulegen. [33] Und er nahm ihn abseits von der Menge, und legte ihm den Finger ins Ohr und berührte ihm mit Speichel die Zunge, [34] und seufzend blickte er zum Himmel auf, und sprach: ephatha d. i. tu dich auf. [35] Da öffnete sich sein Gehör und das Band seiner Zunge löste sich, und er redete ordentlich. [36] Und er gebot ihnen, keinem etwas zu sagen; je mehr er aber verbot, umsomehr verkündeten sie es. [37] Und sie waren aufs höchste erregt und sagten: gut hat er es alles gemacht, die Tauben macht er hören und die Stummen reden.

7, 31. Jesus befindet sich nur im G e b i e t von Tyrus. Und selbst von der S t a d t Tyrus führt der Weg nach dem galiläischen See unmöglich über Sidon. Will man von Tyrus über Sidon dorthin, so muß man, in Sidon angelangt, wieder zurück nach Tyrus. Außer-

dem wird sonst nie eine Übergangsstation angegeben, wir werden
stets von einem Ort unmittelbar an den anderen versetzt. Ich ver-
mute, daß בצידן hier nicht mit διὰ Σιδῶνος, sondern mit εἰς Βησσαιδαν
hätte wiedergegeben werden müssen: von Tyrus kam er nach Bethsaida am See von Galiläa. Die Form Βησσαιδαν (entsprechend der
Form Γησαμανει) findet sich 6, 45 im Cantabr. und ist, weil in-
korrekt und mehr phonetisch, bei Mc wohl die ursprünglichere; das
Ny am Schluß bezeichnet nicht den Akkusativ, es findet sich in
Mt 11, 21 und Joa 1, 45 (Sinaiticus) auch beim Nominativ. Unsere
Geschichte ist eine Variante der Geschichte in 8, 22—26, und diese
spielt tatsächlich in Bethsaida. „Inmitten des Gebiets der Dekapolis"
macht unter allen Umständen Schwierigkeit.

7, 33. Im Cantabr., in der Latina und Syra steht πτύσας schon
vor ἔβαλεν.

7, 34. Εφφαθα (Anrede an das Gehör) ist die im bab. Talmud
gewöhnliche Kontraktion des Ethpeel; sie muß auch palästinisch gewesen sein (Dan 2, 1. 3). Vgl. Nöldekes Mand. Gramm. p. 49 n. 2.

§ 39. 8, 1—9 (Mt 15, 32—39).

In jenen Tagen, als wieder des Volkes viel war und sie
nichts zu essen hatten, rief er die Jünger heran und sagte zu
ihnen: [2] Mich dauern die Leute, denn es sind schon drei Tage,
seitdem sie hier sind, und sie haben nichts zu essen. [3] Und sie
hungrig nach Hause gehn lassen will ich nicht, damit sie nicht
unterwegs von Kräften kommen; einige von ihnen sind ja auch
von weit her. [4] Und seine Jünger antworteten ihm: woher soll
einer diese hier mit Brot sättigen in der Einöde? [5] Und er fragte
sie: wieviel Laibe habt ihr? sie sagten: sieben. [6] Und er hieß
die Leute sich lagern auf dem Boden, und nahm die sieben Laibe,
sprach den Dank und brach sie und gab sie seinen Jüngern,
daß sie sie vorlegten, und sie legten sie den Leuten vor. [7] Und
sie hatten ein paar Fische, und er sprach den Segen darüber, und
ließ auch sie vorlegen. [8] Und sie aßen und wurden satt und
huben die übrig gebliebenen Brocken auf, sieben Körbchen voll.
[9] Es waren aber gegen viertausend.

Die Gruppe, die hier beginnt und bis 8, 26 reicht, setzt die vorhergehende nicht fort, sondern läuft ihr parallel, wie schon Lukas

gemerkt zu haben scheint, der von § 32 auf § 43 überspringt. Freilich deckt sie sich im Umfang nicht vollständig mit jener; es findet sich nur die Speisung (§ 39 = 32), die darauf folgende Überfahrt (§ 40. 41 = 33) und die Heilung zu Bethsaida (§ 42 = 38), dagegen fehlen die §§ 34—37, die vermutlich Nachträge sind. Der Umstand, daß hier nicht bloß einzelne Varianten, sondern zwei Gruppen von Varianten erscheinen, gibt zu denken. Doch sind die Gruppen klein, sie bestehn eigentlich nur aus drei Stücken, die schon von der mündlichen Tradition in dieser Reihenfolge hätten überliefert sein können.

8, 1. Die unbestimmte Zeitangabe i n j e n e n T a g e n kennzeichnet den neuen Anfang.

8, 2. 3. Der Beweggrund und der Effekt des σπλαγχνίζεσθαι ist hier natürlicher als in 6, 34. Im Unterschied zu der Angabe 6, 33 ss., wonach die Leute an einem und dem selben Tage von der Westseite her um den See herum gelaufen sind, an der Ostseite gespeist werden und abends heimkehren, sind sie hier schon drei Tage an Ort und Stelle, und nicht allesamt sondern nur zum kleinen Teil (τινές) von weit hergekommen; auch ist keine Rede davon, daß sie sich in fremde Höfe und Dörfer zerstreuen müßten, um Speise zu kaufen. Nichts führt darauf, daß die Scene weit entfernt von Kapernaum am jenseitigen Ufer zu denken ist. Im Allgemeinen aber herrscht große Übereinstimmung, bis auf die Ausdrücke; sie stammt schwerlich erst von Mc, der keinen Grund hatte, die beiden Berichte, die er für verschieden hielt, einander möglichst ähnlich zu machen. — Der Nominativ ἡμέραι τρεῖς 8, 2 erklärt sich aus der semitischen Redeweise, die vollständig noch im Cantabr. und in der Latina vorliegt ἡμέραι τρεῖς εἰσὶν ἀπὸ πότε (יומין) ὧδε εἰσίν. Auch in 8, 3 verdient die Lesart dieser beiden Zeugen den Vorzug.

8, 5. Der Speisevorrat ist hier größer als in § 32, sieben Brote und nicht nur zwei Fische. Dagegen sind der Gäste weniger und es bleibt auch nicht soviel übrig: nur sieben Körbchen voll Brocken. Vgl. 8, 19 ss.

8, 6. Der Unterschied zwischen εὐχαριστεῖν und εὐλογεῖν besteht nur im Griechischen, εὐλογεῖν ist wörtlicher übersetzt. Die Sitte wird schon 1 Sam 9, 13 erwähnt.

8, 8. 9. Von den Fischen wird hier (und 8, 19) nichts aufgehoben und das ist das Natürliche. Καὶ ἀπέλυσεν αὐτούς 8, 9 gehört an den Anfang der folgenden Perikope.

§ 40. 41. 8, 10–21 (Mt 15, 39–16, 12).

Und er entließ sie und ging alsbald zu Schiff mit seinen Jüngern und gelangte in die Gegend von Dalmanutha. [11] Und die Pharisäer zogen aus und begannen mit ihm zu streiten und forderten von ihm ein Zeichen vom Himmel, um ihn zu versuchen. [12] Und von Herzensgrund aufseufzend sprach er: was hat dies Geschlecht ein Zeichen zu fordern! Amen, ich sage euch, es wird diesem Geschlecht kein Zeichen gegeben werden.

[13] Und er ließ sie stehn und ging wieder zu Schiff, um auf das andere Ufer zu fahren. [14] Und sie hatten vergessen Brot mitzunehmen, nur ein einziges Laib hatten sie bei sich im Schiff. [[15] Und er gebot ihnen also: nehmt euch in Acht vor dem Sauerteige der Pharisäer und dem Sauerteige des Herodes.] [16] Und sie machten sich Gedanken darüber, daß sie kein Brot hatten. [17] Und da er es merkte, sprach er zu ihnen: Was macht ihr euch darüber Gedanken, daß ihr kein Brot habt? merkt und versteht ihr noch nichts? ist euer Herz verstockt? [18] Augen habt ihr und seht nicht, Ohren und hört nicht! Denkt ihr nicht daran: [19] als ich die fünf Laibe Brot den Fünftausend brach und austeilte, wieviel Körbe voll Brocken hubt ihr da auf? Sie sagten: zwölf. [20] Und als ich die sieben an die Viertausend verteilte, wieviel Körbchen voll Brocken hubt ihr da auf? Sie sagten: sieben. [21] Und er sagte zu ihnen: seid ihr noch immer nicht zur Einsicht gekommen?

Die zwei Paragraphen sind beide Nachträge. Am einleuchtendsten läßt sich das für § 41 erweisen. Denn die echte alte Überlieferung § 39—42 kennt natürlich nur sich selber, nicht auch ihre Parallele § 32—38, sie kann nicht über ihre Abweichungen von dieser Parallele reflektieren: § 41 verdankt seine Entstehung erst einem Autor, der die Varianten schon verbunden und zwar schriftlich verbunden vorfand. In § 40 unterbricht Jesus die Fahrt bloß, weil ein Ausspruch von ihm mitgeteilt werden soll; das Hervorschießen der Pharisäer, sobald er den Fuß aufs Land setzt, ist hier noch viel ungeschickter als in § 35. Die Anfänge von § 40 und 41 stimmen ziemlich überein; einer davon wird ursprünglich den Übergang von § 39 auf § 42 gebildet haben: nachdem er die von ihm gespeiste Menge entlassen hatte, ging Jesus zu Schiff und fuhr nach Bethsaida. Die Unterbrechungen

der Reise über den See nach Bethsaida sind in beiden parallelen
Erzählungsgruppen sekundär und dienen zur Einschaltung loser
Stücke an angeblichen Zwischenstationen.

8, 10. Für das befremdliche Dalmanutha lesen der Cantabr.,
die Latina und die Syra nach Matthäus das ebenso befremdliche
Magadan. Für τὰ μέρη hat die Syra t a u r a, nicht t u r a; vgl.
Joa 18, 1.

8, 12. Der semitische Schwursatz mit εἰ verdient Beachtung.

8, 13. Die Scene soll noch im Schiff gedacht werden, während
der Überfahrt.

8, 15 gehört nicht zu der Masse von 8, 14—21 und verdreht den
Sinn der Äußerung 8, 16, deren natürlicher Anlaß vielmehr in 8, 14
angegeben ist; der Versuch des Matthäus (16, 11 s.), den Vers tief-
sinnig im Zusammenhang des Ganzen zu verstehn, misglückt kläglich.
Es ist also einem isoliert umlaufenden Ausspruch Jesu ein ungeschickter Platz gegeben. Mit der ζύμη kann nur uneigentlicher Sauer-
teig gemeint sein, die treibende und bewegende Gesinnung. Welcher
Art aber die Gesinnung ist und ob die gleiche bei den Pharisäern
und bei Herodes, läßt sich kaum sagen. Philo deutet die in Lev 2, 11
beim Opfer verbotene ζύμη auf Überhebung, Aufgeblasenheit (De
spec. legg. 1, 293 der Berliner Ausg.).

§ 42. 8, 22—26.

Und sie kamen nach Bethsaida. Und sie brachten ihm
einen Blinden und baten ihn, daß er ihn anrühre. [23] Und er
nahm den Blinden bei der Hand und führte ihn aus dem Dorfe
hinaus. Und er spie ihm in die Augen [und legte die Hände auf
ihn] und fragte ihn: siehst du was? [24] Und er sah auf und sagte:
ich sehe Menschen, sie sehen mir aus wie wandelnde Bäume.
[25] Nun legte er ihm noch einmal die Hände auf die Augen, da
drang sein Blick durch und er wurde hergestellt und sah alles
deutlich. [26] Und er schickte ihn nach Hause und sagte: geh nicht
einmal in das Dorf hinein.

8, 22. Mit einer Heilung in fremdem Lande findet auch in § 42
wie in § 38 die Fahrt über den See nach der Speisung der Tausende
ihren Abschluß. Beide Perikopen fehlen bei Matthäus, er hat sich
an dem zauberhaften Verfahren gestoßen. Die Prozedur ist beider-

orts sehr ähnlich: Hinausführen des Kranken abseits von der Menge
oder von dem Dorf, Speien und Handauflegen auf den kranken Teil.
Die Einleitung 8, 22 deckt sich auch im Wortlaut mit der Einleitung
7, 32. Auf den Unterschied von Blind und Taub ist nach alledem
kein Gewicht zu legen; in Mt 12, 22 wird beides kombiniert.

8, 24. Der Blinde kennt den Unterschied von Mensch und Baum,
war also nicht von jeher blind. Das maskul. Participium stünde
besser im Neutrum; denn es bezieht sich auf die Bäume, nicht auf
die Menschen.

8, 26. Josephus sagt Ant. 18, 28: Philippus nannte Paneas Cäsarea
und das Dorf Bethsaida am See von Gennesar erhob er zu einer Stadt
und nannte sie Julias, zu Ehren der Kaiserin. Bei Mc aber existiert
das alte Dorf Bethsaida trotzdem noch weiter, und Jesus hält sich
in diesem Dorf auf, nicht in der Stadt. Er kommt auch nicht in die
Stadt Cäsarea, sondern in die Dörfer von Cäsarea; ebenso nicht in
die Stadt, sondern in das Gebiet von Tyrus. Er vermeidet überhaupt die größeren Städte, bis er hinaufgeht nach Jerusalem. —
Der Blinde wird außerhalb von Bethsaida geheilt und angewiesen,
auch nach der Heilung nicht in das Dorf, sondern nach Hause zu
gehn. Bethsaida war also nicht seine Heimat, sondern er war nur
dorthin gebracht. Der Cantabrigiensis korrigiert das.

II B. Jesus auf dem Wege nach Jerusalem.
§ 43–54.

Diese andere Hälfte des zweiten Teils unterscheidet sich innerlich sehr von der ersten, obgleich sie nach Ort und Zeit in den selben
Rahmen gehört. Jetzt beginnt eigentlich erst das Evangelium, wie
es die Apostel verkündet haben; vorher merkt man wenig davon.
Der Entschluß, nach Jerusalem zu reisen, der nicht etwa durch das
Osterfest veranlaßt ist, bringt einen auffallenden Wechsel hervor.
Ein verklärter Jesus steht vor uns, und die zwei Heilwunder, die hier
noch eingestreut werden, stören förmlich. Er lehrt nicht mehr All-
gemeingiltiges, sondern weissagt über seine Person. Er redet nicht

mehr zum Volk, sondern zu einem beschränkten Kreise seiner Jünger. Ihnen eröffnet er sein Wesen und seine Bestimmung. Und zwar rein esoterisch: sie sollen es niemand sagen, bis nach der Erfüllung seiner Weissagung über sich selber, und sie verstehn es nicht einmal selber vorher. Den Anlaß, ihnen gegenüber aus seinem bisherigen Incognito herauszutreten, gibt ihm das Bekenntnis des Petrus: du bist der Messias. Er hat es selber hervorgelockt und acceptiert es. Jedoch mit einer Korrektur, die auf dem Fuße folgt: er ist nicht der Messias, der das Königtum Israels wieder herstellen wird, sondern ein ganz anderer. Nicht um das Reich aufzurichten, geht er nach Jerusalem, sondern um daselbst gekreuzigt zu werden. Durch Leiden und Sterben geht er ein in die Herrlichkeit, und nur auf diesem Wege können auch andere hinein. Das Reich Gottes ist kein jüdisches Reich, es ist nur für einige auserwählte Individuen bestimmt, für die Jünger. Der Gedanke an die Möglichkeit einer μετάνοια des Volkes wird aufgegeben. An stelle der Aufforderung zur Buße, die sich an alle richtet, tritt die Forderung der Nachfolge, die nur für sehr wenige erfüllbar ist. Dieser Begriff verliert jetzt seine eigentliche Bedeutung und nimmt eine höhere an. Es handelt sich dabei nicht wie bisher bloß darum, daß man bei Lebzeiten Jesu ihn begleitet und hinter ihm hergeht, sondern vorwiegend darum, daß man ihm in den Tod folgt: die Nachfolge ist als Imitatio auch nach seinem Tode möglich und geht da erst recht an. Man soll ihm das Kreuz nachtragen. Die Jünger müssen um des Reiches willen vollkommen aus dem Zusammenhang des Volkes und der Familie heraustreten, sie müssen alles, was sie an das Leben bindet, und das Leben selber aufopfern. Eine Reform ist nicht möglich, die Feindschaft der Welt unüberwindbar. Der Bruch mit ihr wird gefordert, der zum Martyrium führt. Die Situation und die Stimmung der ältesten Gemeinde wird hier von Jesus vorgespiegelt, da er seinem Geschick entgegengeht. Darauf beruht das hohe Pathos, wodurch die Einleitung zur Passionsgeschichte diese selber übertrifft.

Auch durch die Sprache unterscheidet sich unser Abschnitt. Viele bezeichnende, so zu sagen technische Begriffe und Wörter treten auf: das Evangelium, der Name Jesu als Potenz, der gegenwärtige und der zukünftige Aeon, das Reich Gottes, die δόξα, das Leben, die Rettung, die Nachfolge im höheren Sinn, die Skandala, die μικροὶ πιστεύοντες. Vor allem der Menschensohn als messianische Selbst-

bezeichnung Jesu — in diesem eigentümlich christlichen Sinn, den
die Juden nicht heraushören konnten, ist der Ausdruck bisher nicht
gebraucht, vgl. zu 2, 10. 28. 3, 28.

§ 43. 44.   8, 27–9, 1 (Mt 16, 13–28. Lc 9, 18–27).

Und Jesus ging von dannen, und seine Jünger, in die Dörfer
von Cäsarea Philippi. Und unterwegs fragte er seine Jünger:
was sagen die Leute, wer ich sei? [28] Sie sagten zu ihm: Johannes
der Täufer, und Andere: Elias, noch Andere: irgend ein Prophet.
[29] Da fragte er sie: was sagt denn ihr, wer ich sei? Petrus antwortete: du bist der Christus! [30] Und er verbot ihnen, es irgendwem von ihm zu sagen. [31] Und er begann sie zu lehren, es müsse
so sein, daß der Menschensohn viel leide und verworfen werde
von den Ältesten und Erzpriestern und Schriftgelehrten, und
nach drei Tagen auferstehe. Und ganz offen redete er das Wort.
[32] Da nahm Petrus ihn beiseit und begann ihm Vorstellungen
zu machen. [33] Er aber wandte sich um zu seinen Jüngern, schalt
Petrus und sagte: weg von mir, Satanas, denn du bist nicht
göttlich gesinnt, sondern menschlich.
[34] Und er rief das Volk herbei, samt seinen Jüngern, und
sprach zu ihnen: Wer mir nachfolgen will, der verleugne sich
selbst und nehme sein Kreuz auf sich: so wird er mir nachfolgen.
[35] Denn wer seine Seele retten will, der verliert sie; wer aber
seine Seele verliert für mich und das Evangelium, der rettet sie
[36] Was hülfe es denn dem Menschen, die ganze Welt zu gewinnen
und seine Seele einzubüßen? [37] was kann denn ein Mensch als
Kaufpreis für seine Seele geben? [38] Wer sich mein und meiner
Worte schämt, in diesem ehebrecherischen und sündigen Geschlecht, dessen wird sich auch der Menschensohn schämen,
wenn er kommt in der Herrlichkeit seines Vaters mit den heiligen
Engeln. [9, 1] Und er sagte zu ihnen: Amen ich sage euch, es sind
etliche hier unter den Anwesenden, die werden den Tod nicht
schmecken, bis sie das Kommen des Reiches Gottes in Kraft
erleben.

8, 29. Jesu Frage hat keinen Sinn, wenn er sich schon früher
als Messias kundgegeben hätte. Erst an diesem Punkte tritt er aus
seinem Incognito hervor, aber nur gegenüber seinen Jüngern und

unter dem Siegel strenger Verschwiegenheit. Daß das Petrusbekenntnis nach der Absicht unseres Evangeliums einen Wendepunkt bilden soll, erhellt zwingend aus dem damit einsetzenden allgemeinen Umschlag der Stimmung, außerdem auch noch besonders aus der unmittelbar anschließenden Verklärungsgeschichte; denn diese ist eine Unterstreichung und himmlische Beglaubigung des Petrusbekenntnisses — was allerdings nur Ch. H. Weiße (Evangelienfrage 257) verstanden hat. Nach 1 Cor 15, 5 war Petrus der erste, der Jesum als den himmlischen Christus erkannt hat, freilich erst nach der Kreuzigung.

Der nackte Satz, den Petrus bei Mc hervorstößt, macht mehr Eindruck, als der ornierte bei Matthäus. — Die verhältnismäßig genaue Ortsangabe fehlt bei Lukas. Καὶ αὐτός = v' h u (1, 8. 7, 36).

8, 31. „Der Augenblick, in welchem das entscheidende Wort, daß Jesus der Christ sei, zuerst von einem Jünger ausgesprochen wird, ist der selbe, in welchem Jesus beginnt, die Jünger von der Notwendigkeit seines Leidens und gewaltsamen Todes zu unterrichten. Offenbar soll hiermit gegen die Konsequenzen, die aus der Identität Jesu mit dem jüdischen Messias gezogen werden konnten, ein Gegengewicht gegeben werden." So richtig Weiße in der Evang. Geschichte 1, 328. Die an das Petrusbekenntnis sofort angehängte Korrektur des Messiasbegriffs, die sich auch in der Ersetzung des Christus durch den Menschensohn zeigt, deutet zugleich den Entschluß Jesu an, nach Jerusalem zu gehn. Die drei im Synedrium vertretenen Stände werden 8, 31. 11, 27. 14, 43. 53. 15, 1 vollständig aufgeführt, dagegen 10, 33. 11, 18. 14, 1 fehlen die Ältesten, und 14, 10. 15, 3. 10. 11. 31 treten nur die Erzpriester auf. Die Erzpriester und Ältesten (d. h. der geistliche und weltliche Adel von Jerusalem) können gegenüber den Schriftgelehrten als eine Einheit betrachtet werden. Der Ausdruck ἀποδοκιμάζειν ist nach 12, 10 entlehnt aus Ps 118, 22; das Passiv mit ὑπό entspricht nicht dem Sprachgebrauch des Markus. — Für „nach drei Tagen" als Frist der Auferstehung bei Mc 8, 31. 9, 31. 10, 34 heißt es bei Matthäus und Lukas: „am dritten Tage". In der Angabe „nach drei Tagen" kann allerdings der erste und dritte Tag als voll gerechnet sein (1 Reg 22, 1. 2). Daß das aber nicht immer geschah, geht aus Mt 12, 40 hervor: wie Jonas drei Tage und drei Nächte im Bauch des Ungeheuers war, so wird auch der Menschensohn drei Tage und drei Nächte im Schoß

der Erde sein. In der Stelle Osee 6, 2 ist „am d r i t t e n Tage‟
äquivalent mit „nach z w e i Tagen‟.

8, 32. 33. Petrus hat sich den Messias anders vorgestellt als
leidend und sterbend. Er will Jesum in der selben Weise von der
Bahn abbringen wie der Satan in der Versuchungsgeschichte, und
wird mit den selben Worten abgewiesen wie jener in Mt 4, 10, auch
gradezu als Satan angeredet. Ὀπίσω μου kann nicht durch ein Komma
von ὕπαγε getrennt werden, aber allerdings auch nicht, wie in 2 Reg
9, 19, bedeuten: begib dich hinter mich. Es fügt dem ὕπαγε, welches
Mt 4, 10 allein steht, nichts hinzu und ist das selbe wie לאחורא זיל;
vgl. Joa 6, 66. 18, 6. 20, 14. Das Pronomen der ersten Person ist
also unrichtig ergänzt, besser wäre das der zweiten Person gewesen;
wie im Deutschen bei Walther von der Vogelweide: heiß sie treten
hinter sich!

8, 34. In diesem Absatz sind nicht mehr die Jünger allein angeredet, weil es sich nicht mehr um das Messiasgeheimnis handeln
soll. Aber der Protest gegen Petrus (8, 33) wird, in positiver Weise,
fortgesetzt, und in Wahrheit sagt sich Jesus hier von der Menge,
die er herbeiruft, los, indem er die schwierigsten Forderungen stellt,
denen nur sehr wenige genügen können. Zwischen ὀπίσω ἐλθεῖν
und ἀκολουθεῖν besteht kein sachlicher und im Aramäischen nicht
einmal ein formeller Unterschied. Um Tautologie zu vermeiden, muß
man nach Lc 14, 26. 27 das καὶ ἀκολουθείτω μοι so auffassen, wie
ich es in der Übersetzung getan habe; häufiger ist das imperativische
Schema in der zweiten Person: sucht mich und lebt (Amos 5, 4),
liebt einander und passiert das Rote Meer (Mand. Thes. I 18, 9).
Jesus sagt: nicht wer mir im Leben nachgeht, sondern wer mir in
den Tod folgt, ist mein Jünger. Bei dem Kreuz kann nur an das
Kreuz Jesu gedacht werden; die Jünger sollen wie er das Martyrium
willig über sich ergehn lassen. Diese metaphorische Verwendung
der noch gar nicht geschehenen Kreuzigung Jesu befremdet aufs
äußerste in seinem eigenen Munde, da sie den Hörern völlig unverständlich bleiben mußte. Das Kreuz tritt schon hier als Symbol
des Christentums auf. Aber Jesus hat es nicht für alle getragen,
sondern jeder muß es ihm nachtragen. Ähnlich, doch nicht so
imperativ, 10, 39: den Kelch, den ich trinke, werdet auch ihr trinken.

8, 35. Für ψυχή gibt es kein ausreichendes Äquivalent; es bedeutet zugleich Seele, Leben, und das Reflexiv (sich selbst). Ebenso

auch nicht für ἀπολέσαι (aubed); es ist nicht bloß verlieren, sondern
auch preisgeben. Über σῶσαι = a c h i (lebendig machen, am Leben
erhalten, gesund machen, retten) s. zu 3, 4 (5, 23. 34). Die Jünger
sollen das Martyrium auf sich nehmen um Jesu willen und um des
Evangeliums willen. Nicht um s e i n e s E. willen, sondern um d e s
E. willen: Jesus ist auch hier bei Mc nicht der Verkünder, sondern
der Inhalt des Evangeliums. ῞Ενεχεν τοῦ εὐαγγελίου bedeutet nahezu
das selbe wie ἕνεχεν ἐμοῦ, das Evangelium ist der von den Aposteln
gepredigte Christus.

8, 37. Der Vers ist ein freies Zitat von Ps 49, 8, und daher
erklärt sich das δοῖ, während man nach 8, 36 erwarten müßte:
was kann der Mensch als Äquivalent für seine Seele b e k o m m e n!

8, 38. Dieser Spruch ist aus dem selben Metall wie 8, 35, aber
von anderer Prägung. Die Forderung geht lange nicht so weit; und
„ich und m e i n e Worte" ist ganz etwas anderes als „ich und d a s
Evangelium". Ferner ist der Menschensohn hier nicht wie vorher
der leidende Messias der Gegenwart, sondern der gloriose der danielischen Eschatologie. Nach 9, 1 und auch nach τοῦ πατρὸς αὐτοῦ müßte
man verstehn, daß Jesus sich selber damit identifiziere. Aber er
redet hier nicht zu seinen Jüngern, sondern zum Volk, dem er sich
nicht als Messias kund geben will. Und wenn man darauf auch vielleicht kein Gewicht legen darf, so wäre doch der Wechsel des Haupt-
wortes in Vordersatz und Nachsatz höchst wunderlich: wer sich
m e i n e r schämt, dessen wird sich der M e n s c h e n s o h n schämen.
Dieser Wechsel findet sich ebenso bei Lc 9, 26. 12, 8, zweimal. Daß
Matthäus (10, 33) ihn beseitigt, gibt zu denken. Wahrscheinlich ist
erst durch eine spätere Interpretation, die in 9, 1 unzweifelhaft vorliegt, der danielische Menschensohn hier klar auf Jesus bezogen,
so daß er seine eigene Parusie ankündigt. Auch der Ausdruck τοῦ
πατρὸς αὐτοῦ befremdet an dieser Stelle. Zum danielischen Messias
paßt er nicht, und sonst bei Mc (ausgenommen 13, 32) nennt Jesus
Gott niemals seinen Vater. Ausdrücke wie „die Herrlichkeit meines
Vaters" sind ihm fremd. Nur einmal im Gebet (14, 36) redet er im
Vokativ Gott als Vater an, jedoch in keinem anderen Sinn, wie es
im Vaterunser (πάτερ Lc 11, 2) geschieht. Der Unterschied zwischen
d e r V a t e r und m e i n V a t e r ist überhaupt erst griechisch.
Jesus hat A b b a gesagt, was im Vokativ ausschließlich (auch für
U n s e r V a t e r) gebraucht wird und im übrigen sowohl für d e r

Vater als für mein Vater. — Ehebrecherisch wird die gegenwärtige Generation der Juden nicht im eigentlichen Sinne genannt, sondern in dem religiösen, der aus Hosea und den Propheten bekannt ist. 9, 1 ist ein Zusatz zu 8, 38, äußerlich abgehoben durch και ἔλεγεν, und auch innerlich gekennzeichnet. Die eben ausgesprochene Ankündigung der Parusie wird gleich herabgestimmt. So bald wird Jesus nicht kommen, aber doch eher als alle seine Jünger ausgestorben sind. Wir werden damit hinabgeführt auf eine Zeit, wo die meisten unmittelbaren Jünger Jesu schon dahingerafft waren, doch aber die Hoffnung festgehalten wurde, daß wenigstens ein kleiner Rest seine längst erwartete Parusie noch erleben werde. Das Reich Gottes ἐν δυνάμει empfängt seinen Sinn erst durch den Gegensatz eines anderen schon gegenwärtigen und innerlichen Reiches Gottes. Aristotelisch wäre dies letztere ἐν δυνάμει und das andere ἐν ἐνεργείᾳ zu nennen gewesen. Οἱ ἑστηκότες sind nach aramäischer Redeweise d i e A n w e s e n d e n.

§ 45. 9, 2—13 (Mt 17, 1—13. Lc 9, 28—36).

Und nach sechs Tagen nahm Jesus den Petrus, Jakobus und Johannes und führte sie auf einen hohen Berg, für sich allein. ³ Und er wurde vor ihren Augen verwandelt, und seine Kleider wurden glänzend, sehr weiß, wie sie kein Walker auf Erden so weiß machen kann. ⁴ Und es erschien ihnen Elias mit Moses, und sie unterredeten sich mit Jesus. ⁵ Und Petrus hub an und sagte zu Jesus: Rabbi, hier ist für uns gut sein, wir wollen drei Hütten aufschlagen, für dich eine und für Moses eine und für Elias eine — ⁶ er wußte nämlich nicht was er redete; denn sie waren bestürzt. ⁷ Und es erschien eine Wolke, die ihn überschattete, und aus der Wolke kam eine Stimme: dies ist mein geliebter Sohn, den hört! ⁸ Und wie sie sich umschauten, sahen sie plötzlich niemand mehr, nur Jesus allein bei sich.

⁹ Und als sie vom Berge herabgingen, gebot er ihnen, das, was sie gesehen hatten, keinem eher zu erzählen, als wenn der Menschensohn von den Toten auferstanden sei. ¹⁰ Und sie griffen das Wort auf und stritten mit einander darüber, was dies Aufstehn von den Toten bedeuten solle. ¹¹ Und sie fragten ihn: sagen doch die Schriftgelehrten, erst müsse Elias kommen? ¹² Er

sprach zu ihnen: Elias soll erst kommen und alles in Ordnung bringen? wie steht denn aber geschrieben über den Menschensohn, daß er viel leide und verachtet werde? [13] Doch ich sage euch, Elias ist wirklich gekommen, und sie haben ihm getan was sie wollten, wie über ihn geschrieben steht.

9, 2. Man weiß nicht, warum an dieser einzigen Stelle (abgesehen von der Passionsgeschichte) die Zwischenzeit zwischen zwei Erzählungen genau angegeben wird. Der Berg ist dem Berichterstatter nicht bekannt, aber gewiß der selbe wie Mt 28, 16. Ἔμπροσθεν und ἐνώπιον kommen sonst bei Mc nicht vor, hauptsächlich aus dem Grunde, weil diese Präpositionen meist im geistlichen Stil der Juden verwandt werden, während Mc durchaus volkstümlich, nicht biblisch und jüdisch schreibt. Er sagt κατέναντι.

9, 3. Die Perle des Mc, der Walker, wird (wie von Matthäus und Lukas) so auch vom Cantabr., von der Latina und Syra als zu plebejisch verschmäht.

9, 4. Auch Moses gilt wie Elias als nicht gestorben und befindet sich darum nicht in der Hölle, sondern im Himmel. Daher die Assumptio Moyseos.

9, 5. Ραββι für διδάσκαλε, wie 11, 21. 14, 45. Warum an diesen drei Stellen das aramäische Wort beibehalten ist, sieht man nicht. Moses und Elias schweben nicht in der Luft, sondern stehn auf dem Erdboden.

9, 6 fehlt vielleicht mit Recht bei Matthäus und könnte aus Lukas eingesetzt sein.

9, 7. Die Syra allein hat die richtige Lesart erhalten: ἐπισκιάζουσα αὐτῷ (nicht αὐτοῖς); vgl. Tabari I 1124, 7 ss. Die Wolke ist die Erscheinung Gottes, mit Recht heißt sie bei Matthäus eine Lichtwolke. Sie überschattet den zum Messias zu Zeugenden, und aus ihr kommt die Stimme, die ihn als solchen proklamiert. In Lc 1, 35 ist das Überschatten beibehalten, an die Stelle der Wolke aber der heilige Geist getreten. Letzteres auch in der Taufgeschichte. Das ist eigentlich wohl eine Parallele der Verklärungsgeschichte, aber von Mc sehr geschickt damit vereinigt. Dort ergeht nämlich die Stimme nur an Jesus, so daß er allein sich seiner Messianität bewußt wird, hier aber an die drei Jünger. Dort heißt es: d u bist mein geliebter Sohn, hier: das ist mein geliebter Sohn, den sollt i h r hören. Der Unterschied ist ohne Zweifel beabsichtigt und für die ganze Anlage des

zweiten Evangeliums von Bedeutung, wie ich schon zu § 2 hervorgehoben habe; in § 45 wird das Incognito gelüftet und die δόξα tritt
grell hervor. Übrigens sagt die Stimme nicht: dies ist mein Sohn,
der nun für euch leiden und sterben wird, sondern: dies ist mein Sohn,
den sollt ihr hören.

9, 8. Für ἀλλά setzt der Cantabr. εἰ μή, vgl. zu 4, 22. 6, 8. 9.

9, 9. 10. Jetzt beginnt ein ziemlich komplizierter Anhang, größten-
teils eine Art Kommentar, in der üblichen Form, daß die Jünger
fragen und Jesus bescheidet. Das Verbot 8, 30 wird wiederholt,
aber insofern verschärft, als man verstehn muß, daß auch die Jünger,
die nicht dabei gewesen sind, von der Verklärung nichts erfahren
sollen, b i s z u r A u f e r s t e h u n g.   Die Angabe dieser Frist
in 9, 9 gibt den Anlaß zu der Frage in 9, 10. Für τὸ ἐκ νεκρῶν
ἀναστῆναι liest der Cantabr. ὅταν ἐκ ν. ἀναστῇ, dem Sinne nach
richtig; denn es handelt sich eben nur um die vorhergehende Äußerung
Jesu. Die Jünger verstehn nicht, daß Jesus von seinem Tode und
seiner Auferstehung ganz beiläufig redet wie von einer bekannten
Sache. Dagegen an dem Ausdruck Menschensohn nehmen sie auch
hier keinen Anstoß.

9, 11. 12 ist ohne innere Verbindung nicht bloß mit 9, 4 (Strauß,
2, 267), sondern auch mit 9, 10. Denn πρῶτον bedeutet nicht: vor deinem
Leiden und Auferstehn, sondern: vor der Parusie des Messias. Das logische Verhältnis der beiden Sätze in der Antwort Jesu wird im Cantabr.
richtig so ausgedrückt: wenn Elias vorher alles für den Messias in Ordnung bringt, wie ist dann die von der Schrift geweissagte Passion des-
selben zu verstehn? Denn darnach u n t e r l i e g t er ja den Schwierigkeiten, die Elias ihm aus dem Wege geräumt haben soll. „Der Sinn
erfordert, daß der erste Satz in der Antwort Jesu als Frage verstanden
werde. Denn das Folgende hat nicht den Zweck, jenen Satz, daß
Elias kommen und die Apokastasis bewirken soll, zu bestätigen,
sondern ihn zu widerlegen. Man hat das bis jetzt nur darum verkannt,
weil man von dem Vorurteil einer Abhängigkeit des Mc von Matthäus
ausging. In Godofr. Hermanni opuscc. 3, 233 finden sich Beispiele
von μέν in Fragesätzen, die wie hier zwar eine bejahende Antwort
von seiten dessen, an den die Frage gerichtet ist, voraussetzen, aber
dabei zugleich eine Verneinung des Fragestellers selbst im Hinter-
grunde zeigen.“ So hat Weiße (1, 545) im Jahre 1838 drucken lassen,
jedoch ohne Beachtung zu finden.

9, 13 ist keine Fortsetzung von 9, 12, sondern eine andere Antwort auf die Frage der Jünger. In 9, 12 wird die Schwierigkeit, worauf die Jünger hinweisen, damit abgetan, daß die von den Schriftgelehrten behauptete Apokastasis durch Elias sich nicht mit der Weissagung der Schrift vertrage. In 9, 13 dagegen wird gezeigt, daß jene Schwierigkeit gar nicht besteht. Elias ist in der Tat schon dagewesen, freilich nicht ein siegreicher Wegräumer aller Hindernisse, sondern dem leidenden und sterbenden Messias entsprechend ein leidender und sterbender Elias (Johannes der Täufer).

Daß die Verklärung nicht zufällig auf das Petrusbekenntnis folgt, sondern darauf das göttliche Siegel drücken soll, ist bereits gesagt. Es fällt indessen auf, daß sie nicht vor allen Jüngern (wie 8, 27 ss.) vor sich geht, sondern nur vor dreien. Sie ist also doch nicht bloß ein himmlisches Echo des Petrusbekenntnisses, und dann hat sie nicht ihre notwendige Stelle hinter demselben. Man darf nach Mt 28, 16 die Vermutung wagen, daß sie ursprünglich ein Bericht über die Erscheinung des Gekreuzigten vor den drei Jüngern war. Ebenso auch nach 2 Petr 1, 16—18: „Wir haben euch die Macht und Gegenwart (παρουσία) unsers Herrn Jesu Christi kund getan, weil wir Augenzeugen seiner Majestät (μεγαλειότης) waren, nämlich nachdem er von Gott dem Vater Ehre und Herrlichkeit (δόξα) empfangen hatte, als von der hocherhabenen Herrlichkeit ihm (αὐτῷ) eine solche Stimme zukam: dies ist mein geliebter Sohn, den ich erkoren habe — und diese Stimme haben wir (ἡμεῖς) vom Himmel kommen hören, da wir mit ihm waren auf dem heiligen Berge.“ In Begleitung von Moses und Elias erscheint Jesus dann hier darum, weil auch sie unmittelbar aus dem irdischen in das himmlische Leben übergegangen und nicht wie die übrigen Menschen in der Hölle sind. Die Vorwegnahme der Verklärung läßt sich begreifen; nur so konnte das Bedürfnis befriedigt werden, die Grundlage des Evangeliums, die Erscheinung des himmlischen Christus vor den Jüngern in Galiläa, in die Erzählung über den irdischen Jesus aufzunehmen. Ohnehin ist Jesus überall in § 43—45 der Erhöhte, der Gekreuzigte und Auferstandene. Man darf vielleicht auch die sechs Tage (9, 2) als den Zwischenraum zwischen dem Ende Jesu in Jerusalem und seiner Erscheinung in Galiläa ansehen.

§ 46. 9, 14—29 (Mt 17, 14—21. Lc 9, 37—42).

Und als er zu den Jüngern kam, sah er, daß viel Volk um
sie herum war, und daß sie mit einander hin und her redeten.
[15] Sobald aber all die Leute ihn sahen, staunten sie, liefen herzu
und grüßten ihn. [16] Und er fragte sie: was habt ihr mit einander
zu verhandeln? [17] Und einer aus dem Volk antwortete ihm:
Meister, ich habe meinen Sohn zu dir gebracht, der hat einen
sprachlosen Geist; [18] und wenn er ihn packt, so zerrt er ihn,
und er schäumt und knirscht mit den Zähnen und wird starr;
und ich sagte deinen Jüngern, sie sollten ihn austreiben, aber sie
konnten es nicht. [19] Und er antwortete und sprach zu ihm:
o ungläubiges Geschlecht, wie lange soll ich bei euch sein! wie lange
soll ich euch ertragen? bringt ihn mir her! [20] Und sie brachten ihn
zu ihm. Und da der Geist ihn sah, verrenkte er ihn, und er fiel
zu Boden und wälzte sich und schäumte. [21] Und er fragte den
Vater: wie lange ist es, daß er das hat? [22] Er sagte: von Kind
auf, und oft hat er ihn auch ins Feuer und ins Wasser geworfen,
um ihn zu verderben; wenn du aber etwas vermagst, so hilf uns
und erbarm dich unser! [23] Und Jesus sprach: „wenn du vermagst‘‘
sagst du? Alles ist möglich dem der da glaubt. [24] Alsbald schrie
der Vater des Knaben: ich glaube, hilf meinem Unglauben!
[25] Da nun Jesus sah, daß das Volk herzu lief, bedrohte er den
unreinen Geist und sagte: du sprachloser und tauber Geist, ich
gebiete dir, fahr aus von ihm und zieh nie mehr in ihn ein!. [26] Und
mit Geschrei und vielem Gezerr fuhr er aus, und er ward wie
tot, so daß die meisten dachten, er sei tot. [27] Jesus aber faßte
ihn bei der Hand und richtete ihn auf, und er stand auf. [28] Und
als er nach Hause kam, fragten ihn seine Jünger für sich: warum
haben wir ihn nicht austreiben können? [29] Und er sagte zu ihnen:
diese Art fährt nur durch Gebet und Fasten aus.

9, 14. Die Secession Jesu auf den Berg § 45 soll vorausgesetzt
werden. Nachdem der Meister sich wegbegeben, versuchen sich
seine Jünger am Geisterbannen, aber vergeblich. Sie kommen an
einander darüber, woran die Schuld des Miserfolges liege und wer
die Schuld trage. So ist die Situation im Folgenden. Dazu paßt
es nun gar nicht, daß hier die Schriftgelehrten mit ihnen
zanken. Man wird dazu gedrängt, die γραμματεῖς, die bei Matthäus

und Lukas fehlen, als falsches Explicitum für αὐτούς anzusehen; die
Einsetzung des Explicitums statt des Pronomens ist nicht bloß im
Alten Testament, sondern auch in der handschriftlichen Überlieferung
der Evangelien häufig. Zu Anfang ist jedenfalls εἶδεν im Singular
zu lesen, vgl. 1, 29. Subjekt des Sehens ist Jesus, und nicht Jesus
mit den drei Jüngern. Ein Unterschied zwischen den Jüngern wird
hier in Wahrheit gar nicht mehr gemacht.

9, 15. Worüber staunen sie? Soll man annehmen, daß ein
Schein von der Verklärung an Jesus haften geblieben war, wie bei
Moses, als er vom Berge herab kam? Vgl. 10, 32.

9, 16. Πρὸς αὐτούς ist reflexivisch und gleichbedeutend mit
ἐν ὑμῖν, welche Lesart vielleicht den Vorzug verdient.

9, 17. Die Antwort auf die Frage Jesu wird statt von den Jüngern
von dem Vater des kranken Knaben gegeben: der Grund, weshalb
sie mit einander disputieren, ist, daß sie den Knaben nicht heilen
konnten.

9, 19. Die γενεὰ ἄπιστος umfaßt Jünger und Nichtjünger. Man
darf es nicht wie Lukas nur auf die Jünger beziehen, noch weniger
aber sie ausschließen: das widerspräche der ganzen Situation. Schon
mit einem Fuß in der andern Welt, kann Jesus sich in das irdische
Gewühl nicht mehr finden, in das er sofort hineingerät.

9, 20. 22. „Der Gânn (Dämon) wirft den Magnûn (Besessenen)
ins Feuer, wälzt ihn im Sande, läßt ihn schreien, fluchen, lästern,
ja sogar Totschlag begehn" sagt Musil, Kusejr Amra, p. 69.

9, 23. Obwohl τῷ πιστεύοντι nach dem Zusammenhang auf den
Heilenden gehn müßte, soll es doch nach 9, 24 auf den um Heilung
Bittenden bezogen werden.

9, 25. Das Volk soll die Heilung nicht sehen. Κωφόν fehlt 9, 17
und unter ἄλαλον würde man nach dem Vorhergehenden keine gänz-
liche Stummheit verstehn, sondern eher zeitweilige Aphasie, wie sie
bei Epilepsie vorkommen mag.

9, 26. Die Behandlung von πνεῦμα (und δαιμόνιον) als Mas-
kulinum findet sich im Cantabr. oft. Im Semitischen ist der Geist
freilich weiblich.

9, 28. 29. Anhang mit Scenenwechsel, worin die Jünger privatim
Aufschluß erhalten. Nur einem starken Beter und Faster weicht ein
solcher Dämon. Καὶ νηστείᾳ ist gut bezeugt.

§ 47. 9, 30–32 (Mt 17, 22 s. Lc 9, 43–45).

Und sie brachen auf von da und zogen durch Galiläa, und
er wollte nicht, daß es jemand wissen sollte. [31] Er lehrte nämlich seine Jünger und sagte ihnen: der Menschensohn wird in
der Menschen Hand übergeben und sie werden ihn töten und
nach drei Tagen wird er auferstehn. [32] Sie verstanden aber
das Wort nicht und scheuten sich ihn zu fragen.

9, 30. Vorbereitet durch § 43—45 beginnt jetzt tatsächlich die
Reise nach Jerusalem, obwohl es erst 10, 32 deutlich gesagt wird.
Sie geht aus von der Gegend nördlich des Sees von Gennesar, wo
sich Jesus seit § 30 aufgehalten hat, führt zunächst durch Galiläa
und über Kapernaum, dann weiter durch Peräa (10, 1) über Jericho
(10, 46) nach der Hauptstadt. Über den Grund, warum Jesus un-
erkannt durch Galiläa reisen will, s. zu § 31.

9, 31. 32. Das γάρ soll eine Verbindung mit dem Vorhergehenden herstellen, aus diesem Zwecke aber erklärt sich das Incognito
nicht. Die Todesweissagungen, die mit der Reise nach Jerusalem
eng zusammengehören und immer den Menschensohn zum Subjekt
haben, werden lose eingestreut und von Zeit zu Zeit in ganz ähnlicher
Form wiederholt, ohne daß die spätere auf die frühere Rücksicht
nähme. Die Jünger haben jetzt vor Jesus eine ganz begreifliche
Scheu (10, 32); im Gegensatz zu 9, 32 wagen sie es freilich 9, 11,
ihn zu fragen.

§ 48. 9, 33–50 (Mt 18, 1–11. Lc 9, 46–48).

Und sie kamen nach Kapernaum, und zu Hause fragte
er sie: was besprachet ihr unterwegs? [34] Sie aber schwiegen,
denn sie hatten unterwegs darüber geredet, wer der größte wäre.
[35] Und er setzte sich und rief die Zwölf und sagte zu ihnen: wer
der erste sein will, werde der letzte von allen und der Diener
von allen. [36] Und er nahm ein Kind und stellte es vor sie hin,
herzte es und sagte zu ihnen: [37] wer ein solches Kind aufnimmt
in meinem Namen, nimmt mich auf, und wer mich aufnimmt,
nimmt nicht mich auf, sondern den, der mich gesandt hat.
[38] Sprach zu ihm Johannes: Meister, wir sahen einen in deinem
Namen Teufel austreiben, der uns nicht nachfolgte, und wir

wehrten es ihm, weil er uns nicht nachfolgte. [39] Jesus aber sagte: Wehrt ihm nicht, denn keiner, der Wunder tut in meinem Namen, kann so bald von mir übel reden, [40] denn wer nicht wider euch ist, der ist für euch. [41] Denn wer euch einen Becher Wasser zu trinken gibt in dem Namen, daß ihr Christo angehört, Amen ich sage euch, er wird nicht um seinen Lohn kommen. [42] Und wer einem von diesen Kleinen, die da gläubig sind, Anstoß gibt, dem wäre es besser, wenn ihm ein Mühlstein um den Hals gelegt und er ins Meer geworfen würde. [43] Und wenn dich deine Hand zu Fall bringen will, hau sie ab; es ist besser für dich, verstümmelt in das Leben einzugehn, als mit zwei Händen in die Geenna abgehn zu müssen, in das Feuer, das nicht erlischt. [45] Und wenn dich dein Fuß zu Fall bringen will, hau ihn ab; es ist besser für dich, hinkend in das Leben einzugehn, als mit zwei Füßen in die Geenna geworfen zu werden. [47] Und wenn dein Auge dich zu Fall bringen will, reiß es aus; es ist besser für dich einäugig in das Reich Gottes einzugehn, als mit zwei Augen in die Geenna geworfen zu werden, [48] wo ihr Wurm kein Ende nimmt und das Feuer nicht verlischt. [49] Denn jeder wird mit Feuer gesalzen werden. [50] Das Salz ist ein gutes Ding, wenn aber das Salz salzlos wird, womit wollt ihr es salzen? habt Salz in euch und haltet Frieden untereinander.

9, 34. Es handelt sich um den Rang entweder im künftigen Reiche Gottes (10, 35 ss.) oder im gegenwärtigen d. i. in der Kirche.

9, 35—37 fängt neu an. Denn nach 9, 33 s. ist Jesus ja schon privatim mit den Jüngern zusammen, wozu braucht er denn noch d i e Z w ö l f (3, 14. 4, 10. 6, 7) zu rufen? Den Spruch in 9, 35 läßt der Cantabr. aus und verbindet τότε καθίσας ἐφώνησεν τοὺς δώδεκα unmittelbar mit καὶ λαβὼν κτλ 9, 36; ebenso die Latina. Jedenfalls ist 9, 36. 37 ein besonderes Ganzes und hängt nicht eng mit 9, 33. 34 zusammen. Das geht hervor aus der Moral 9, 37. Unter der Voraussetzung wenigstens, daß diese echt ist, veranschaulicht das Kind hier nicht die Kindlichkeit, die Unbekümmertheit um Rang und Größe, und dient überhaupt nicht wie 10, 13 ss. als Vorbild; es kommt nicht als Subjekt, sondern als Objekt des Handelns (des δέχεσθαι) in Betracht. Vielleicht ist also der Spruch 9, 35 in dem üblichen Texte zugesetzt, um eine innere Beziehung zwischen 9, 33. 34 und 9, 36. 37 zu schaffen.

9, 37 gibt eine Regel für die Zeit, wo Jesus nicht mehr selber
auf Erden weilt, sondern nur vertretungsweise Beweise der Liebe
empfangen kann, da sein Name unter seinen Anhängern fortlebt.
Ἐπὶ τῷ ὀνόματι μου (13, 6) wird 9, 41 erklärt. Der Name als Potenz
erscheint bei Mc überhaupt sehr selten und im Munde Jesu nur hier
und 13, 6; es ist nicht Jesus, sondern Jesus Christus. Das Kind ist
Beispiel für „die Kleinen" (9, 42), die Christo angehören.

9, 38—40 hängt mit Vers 37 nur lexikalisch zusammen, durch
τὸ ὄνομα. Wer mit dem Namen Christi Dämonen beschwört und
ihn damit anerkennt, den soll man nicht verketzern, wenn er sich
auch nicht zu den Zwölfen hält. Es ist 9, 38 nicht von der Nachfolge
Jesu, sondern von dem Zusammenhalten mit den Aposteln die Rede;
in 9, 40 verdient darum ὑμῶν . . . ὑμῖν (Cantabr. und Latina) den
Vorzug vor ἡμῶν . . . ἡμῖν.

9, 41. 42 greift auf 9, 37 zurück. Πιστεύοντες ist wie in der
Apostelgeschichte absolut gebraucht für das, was später C h r i s t e n
genannt wird; σκανδαλίζειν bedeutet hier: zum Abfall vom Christen-
tum verführen. Wer den Spruch für authentisch hält, wird übersetzen müssen i n d e n S e e , da Jesus sich in Kapernaum
befindet.

9, 43—47 geht aus einem andern Ton und läßt keine Spur von
späteren Verhältnissen erkennen. Es ist ad vocem σκανδαλίζειν (9, 42)
angehängt, handelt aber nicht von Verführung durch Andere, sondern
von Versuchungen zur Sünde, die aus dem eigenen Fleisch und Blut
kommen; trotz Mt 18. Γέεννα kommt nur hier bei Mc vor, παράδεισος
überhaupt nicht in den Evangelien, außer bei Lc 23, 43. Mit dem
L e b e n 9, 43. 46 wechselt 9, 47 d a s R e i c h G o t t e s . Der
Vers 9, 48 stammt aus Isa 66, 24, der Wurm steht für die Verwesung,
die trotz dem Brande nicht aufhört und von dem Toten empfunden
wird. Es scheint indes, daß dies Zitat aus Jesaias nur hergesetzt ist,
um das Stichwort πῦρ für 9, 49 zu gewinnen.

9, 49 ist ad vocem πῦρ angehängt. Das Feuer ist hier aber nicht
das Höllenfeuer, sondern ein Fegefeuer, das jeder Mensch zu bestehn
hat, das nur das Schlechte an ihm verzehrt, aber das Gute, die Hauptsache, grade umgekehrt konserviert und also die Wirkung des Salzes
hat. Vgl. 1 Cor 3, 13. 15.

9, 50 ist wiederum ganz äußerlich ad vocem ἁλισθήσεται angeschlossen. Ἀρτύειν heißt sonst einfach s a l z e n (Schürers ThLZ

1908 p. 36 n. 1); an unserer Stelle paßt freilich das Objekt αὐτό dann
schlecht, und es scheint auch, daß ἀρτύειν nicht ganz das gleiche
bedeuten soll, wie das vorhergehende ἁλίζειν — doch ist die Verbindung zwischen 49 und 50 nicht echt. Die Deutung des Salzes auf
die Jünger bei Matthäus und Lukas wird richtig sein. Sie ist wohl
auch der Grund, warum Mc den ursprünglich unabhängigen Spruch
in der zweiten Hälfte des Verses hat folgen lassen.

Das Geröll isolierter und paradoxer Aussprüche Jesu in 9, 33—50,
die sich da ausnehmen wie unverdaute Brocken, ist höchst charakteristisch und ohne allen Zweifel das literarisch primäre. Wie hätte
Mc dazu kommen sollen, dieselben aus dem Zusammenhange zu
reißen und dadurch unverständlich zu machen? Erst später sind
sie (in Q) besser digeriert und ins Gefüge gebracht. Vgl. Weiße 1, 74 ss.

§ 49. 10, 1–12 (Mt 19, 1–9).

Und er brach auf von da in das Gebiet von Judäa jenseit
des Jordans, und die Leute wanderten wieder haufenweis zu
ihm zusammen, und er lehrte sie wieder wie er gewohnt war.
² Und es fragten ihn einige, ob ein Mann ein Weib entlassen
dürfe; um ihn zu versuchen. ³ Er aber erwiderte ihnen: was
hat euch Moses geboten? ⁴ Sie sagten: Moses hat gestattet,
einen Scheidebrief zu schreiben und zu entlassen. ⁵ Jesus sprach
zu ihnen: In Rücksicht auf eure Herzenhärtigkeit hat er euch
dies Gebot geschrieben, ⁶ am Anfang aber (schreibt er): als
Mann und Weib hat Er sie gemacht; ⁷ darum wird ein Mann
Vater und Mutter verlassen, und die beiden werden ein Fleisch
sein. ⁹ Was nun Gott zum Paar verbunden hat, soll der Mensch
nicht scheiden. ¹⁰ Und zu Hause fragten ihn wieder seine Jünger
deswegen. ¹¹ Und er sprach zu ihnen: Wer sein Weib entläßt und
eine andere freit, bricht ihr die Ehe. ¹² Und wenn ein Weib, vom
Manne weggeschickt, einen anderen heiratet, bricht auch sie
die Ehe.

10, 1. Richtig fehlt das καὶ vor πέραν im Cantabr., in der Latina
und Syra, sowie bei Matthäus; Peräa ist nicht das ganze Transjor-
danien, sondern nur das jüdische Land jenseit des Jordans und wird
genauer so bezeichnet. Es wird vorausgesetzt, daß Jesus sich in einer
vorhergehenden Periode vom Volk zurückgezogen gehalten habe.

10, 2. Die Pharisäer fehlen im Cantabr., in der Latina und·
Syra, sie sind in den gewöhnlichen Text aus Matthäus nachgetragen
und stammen eigentlich aus der Parallele § 35. „Um ihn zu versuchen" besagt zunächst nur, daß keine aktuelle praktische Ver-
anlassung zu der Frage vorlag. — Man muß im Auge behalten, daß
es sich um das jüdische Gesetz handelt, wonach· die Scheidung bloß
dem Manne zusteht. Der Mann darf die Frau entlassen, aber nicht·
sie ihn. Bei Ehebruch der Frau kommt ihre Entlassung durch den
Mann nicht in Frage; dann hat sie sich widerrechtlich von ihm getrennt und soll nach dem Gebote Moses gesteinigt werden.

10, 6. Ἀπ' ἀρχῆς oder ἀπ' ἀρχῆς κτίσεως muß bedeuten: a m
(nicht v o m) A n f a n g seines Buchs, oder a m A n f a n g d e r
G e n e s i s; die Präpo3ition m i n (ἀπό) wird in dieser Redensart
so gebraucht. Denn ἔγραψεν Μωυσῆς ist zu ergänzen und dann ein
Kolon zu setzen: auf andere Weise lassen sich die beiden folgenden
Zitate nicht auf einem Niveau koordinieren. Vgl. August Klostermann, Das Markusevangelium 1867, p. 207. Im Unterschied von
§ 35 geht Jesus hier über Moses hinaus.

. 10, 7. Da im Hebräischen Fleisch (ebenso wie Blut) weiter nichts
ist als Verwandtschaft, so ist der Sinn von Gen. 2, 24 eigentlich der:
obwohl ·Mann und Frau verschiedenes Blutes sind, werden sie doch
durch die Ehe ein Blut, und diese Verwandtschaft ist so stark, daß
sie den Mann von der eigenen Familie (Vater und Mutter) löst. Ob
Jesus so verstanden hat, ist freilich sehr zweifelhaft, wenngleich sich
der strikte Beweis für das Gegenteil nicht erbringen läßt. Die Mono-
gamie gebietet er nicht, sondern setzt sie voraus, und das geschieht
tatsächlich auch schon in Gen. 2, 24.

10, 9 ist dem Apostel Paulus als Herrenwort bekannt (1 Cor
7, 10).

10, 10—12. Wieder wird eine Privaterläuterung für die Jünger
nachgetragen. In 10, 12 lesen der Cantabr., die Latina und Syra:
καὶ ἐὰν γυνὴ ἐξέλθῃ ἀπὸ τοῦ ἀνδρὸς αὐτῆς καὶ ἄλλον γαμήσῃ. Nur so kann
Mc geschrieben haben. Die Lesart καὶ ἐὰν αὐτὴ ἀπολύσασα τὸν ἄνδρα
αὐτῆς γαμήσῃ ἄλλον enthält einen groben Verstoß gegen das jüdische
Recht, der nicht dem Mc, sondern nur einem Nichtjuden zugetraut
werden könnte. Der Sinn von 10, 11. 12 liegt übrigens nicht schon
in dem vorhergegangenen Ausspruch Jesu beschlossen. Als Ehebruch
gilt es nicht, wenn der Mann seine Frau entläßt (obwohl auch das

unrecht ist), sondern wenn er dann eine andere heiratet. Ebenso bricht auch die Frau, die an der Entlassung keine Schuld hat, doch die Ehe, wenn sie hernach einen anderen Mann heiratet.

Formell erklärt hier Jesus ein mosaisches Gesetz für ungiltig; materiell hebt er die Ungleichheit auf, daß der Mann die Frau entlassen kann, nicht aber die Frau den Mann, und verbietet die Lösung der Ehe für beide Teile. Beides war folgenschwer.

§ 50.   10, 13–16 (Mt 19, 13–15. Lc 18, 15–17).

Und sie brachten Kinder zu ihm, daß er sie berührte; seine Jünger aber schalten sie. ¹⁴ Da das Jesus sah, ward er unwillig und sagte ihnen: laßt die Kinder zu mir kommen, wehrt ihnen nicht; denn solcher ist das Reich Gottes. ¹⁵ Amen ich sage euch: wer das Reich Gottes nicht annimmt wie ein Kind, kommt nicht hinein. ¹⁶ Und er herzte sie und segnete sie, indem er die Hände auf sie legte.

10, 14. 15. Das (eschatologische) Reich Gottes tritt jetzt in den Vordergrund, von dem in der ersten Hälfte des Mc kaum die Rede ist. Es wird hier nicht durch schwierigste Selbstaufopferung gewonnen, sondern ist Gabe, die man annehmen muß wie ein Kind. Ganz richtig empfindet Richard II. bei Shakespeare diesen Gegensatz zwischen § 50 und § 51, der beabsichtigt sein muß, da die beiden Perikopen unmittelbar auf einander folgen.

10, 16. Der Cantabr. und die Syra (nicht die Latina) lesen προσκαλεσάμενος, was dazu paßt, daß die Kinder v e r s c h e u c h t sind. Aber es ist sicher korrigiert für ἐνεγκαλισάμενος. Jesus darf den Kindern nur geistlichen Segen spenden, durch Handauflegung, sie aber nicht in den Arm nehmen. Auch Matthäus und Lukas beseitigen das Herzen, ebenso wie andere Affektäußerungen Jesu bei Mc. Gerade der menschliche Zug dieser Perikope erweist aber ihre Priorität vor der Variante 9, 35—37, wo ein einzelnes Kind zu Lehrzwecken vor die Jünger hingestellt wird, als anschauliches, wenngleich nur symbolisches Beispiel τῶν μικρῶν τούτων τῶν πιστευόντων.

§ 51.   10, 17–31 (Mt 19, 16–30. Lc. 18, 18–30).

Und da er sich auf den Weg machte, lief einer herzu, fiel auf die Knie und fragte ihn: guter Meister, was soll ich tun, daß ich das ewige Leben ererbe? ¹⁸ Jesus aber sprach zu ihm: Was nennst du mich gut? niemand ist gut als nur allein Gott. [19] Du kennst die Gebote: du sollst nicht morden, nicht ehebrechen, nicht stehlen, nicht fälschlich anklagen, nichts vorenthalten, ehre Vater und Mutter. [20] Er sagte: das habe ich alles gehalten von Jugend auf. [21] Jesus aber sah ihn liebend an und sprach: eins fehlt dir, geh, verkauf was du hast und gib es den Armen, so wirst du einen Schatz im Himmel haben, und komm, folg mir nach! [22] Er aber wurde sehr verstimmt ob des Wortes und ging traurig von dannen, denn er hatte viele Güter.

[23] Und Jesus schaute sich um und sagte zu seinen Jüngern: wie schwer wird es den Begüterten in das Reich Gottes hinein zu kommen. [24] Seine Jünger stutzten über seine Worte, er aber hub abermals an zu sagen: Kinder, wie schwer ist es, in das Reich Gottes hinein zu kommen, [25] leichter kommt ein Kamel durch ein Nadelöhr! [als ein Reicher in das Reich Gottes]. [26] Da erschraken sie noch viel mehr und sagten untereinander: ja wer kann dann gerettet werden? [27] Jesus blickte sie an und sprach: bei den Menschen ist das unmöglich, bei Gott aber ist es möglich.

[28] Da begann Petrus und sagte zu ihm: wir, wir haben alles fahren gelassen und sind dir gefolgt! [29] Jesus sprach: Amen ich sage euch, jedweder, der Haus, Brüder, Schwestern, Mutter, Kinder, Äcker hat fahren lassen für mich und das Evangelium, wird hundertmal mehr empfangen. [30] Jetzt in dieser Welt Häuser, Brüder, Schwestern, Mütter, Kinder, Äcker — bei den Verfolgungen wozu? dagegen in der künftigen Welt das ewige Leben! [31] Viele Erste aber werden Letzte werden und die Letzten Erste.

Der erste Absatz (17—22) ist der Kern, der zweite (23—27) und der dritte sind Kontinuationen, speziell für die Jünger bestimmt, wie 4, 10 ss. 7, 17 ss. Im ersten Absatz erklärt Jesus die Erfüllung der zehn Gebote für genügend, um das ewige Leben zu ererben, nur für die Jüngerschaft oder die Nachfolge fordert er das völlige Heraustreten aus der Welt. Dagegen im zweiten Absatz sagt er, daß diese Nachfolge, mit Aufgabe aller irdischen Beziehungen und Güter, die allgemeingiltige und unerläßliche Bedingung für jeden sei, um in das Reich Gottes zu kommen: das ist eine gewaltige Steigerung.

10, 18. Ἀγαθός bedeutet weniger s ü n d l o s als g ü t i g.

10, 21. Ἠγάπησεν αὐτόν lassen Matthäus und Lukas aus, weil menschliches Gernleidenmögen bei der Auswahl der Jünger nicht

mitsprechen darf. Griechisch ist ἦν γὰρ ἔχων schwerlich, wohl aber
aramäisch: q n ê h v â.

10, 24. 25 stehn im Cantabr. und in der Latina in umgekehrter
Reihenfolge. Zuerst sagt Jesus: es ist sehr schwer f ü r e i n e n
R e i c h e n , in das R. G. zu kommen. Schon darüber stutzen die
Jünger, obgleich sie nicht getroffen sind. Darauf wiederholt er die
Äußerung in verschärfter Form, indem er sie verallgemeinert: es ist
überhaupt (nicht bloß für einen Reichen) sehr schwer in das Reich
Gottes zu kommen. Darüber erschrecken die Jünger noch viel mehr
und fragen: ja wer kann dann selig werden! Dadurch kommt die
nötige Steigerung heraus; wenn Jesus seine Äußerung erst allgemein
getan und sie dann eingeschränkt hätte, so wäre die Vergrößerung
des Schreckens der Jünger sinnlos. Indessen läßt sich die unent-
behrliche Steigerung vielleicht besser ohne Umstellung dadurch herstellen, daß man ἢ πλούσιον κτλ am Schluß von Vers 25 aushebt.

10, 26. In das σώζεσθαι spielt der eschatologische Begriff des
R e s t e s ein: nur wenige Auserwählte entgehn dem Zorn und bleiben
übrig. Vgl. 13, 20.

10, 27. Der einfachere Wortlaut im Cantabr. und in der Latina
verdient den Vorzug; der Zusatz „alles ist möglich bei Gott" taugt
nichts. Auch hier haben wir wieder die in § 50 besprochene Antinomie:
die höchste Anstrengung wird gefordert, aber sie ist Gnade Gottes.

10, 29. 30. Der Vaticanus und die Syra lesen: οὐδείς ἐστιν ὃς
ἀφῆκεν οἰκίαν . . ., ἐὰν μὴ λάβῃ ἑκατονταπλασίονα — νῦν ἐν τῷ καιρῷ τούτῳ
οἰκίαν . . . μετὰ διωγμῶν, καὶ ἐν τῷ αἰῶνι τῷ ἐρχομένῳ ζωὴν αἰώνιον.
Die Versabteilung, mit starker Interpunktion, muß da gemacht werden,
wo ich den Gedankenstrich gesetzt habe, denn die ausführliche Wiederholung der Objekte nach ἐὰν μὴ λάβῃ ἑκ. ist an sich unnötig und unzulässig, und nur nach einer Pause, als Wiederaufnahme zu einem besonderen Zweck, statthaft. Nämlich ἐὰν μὴ λάβῃ ἑκ. klingt so, als
ob die künftige Welt nur eine q u a n t i t a t i v e Potenzierung
der irdischen wäre. So soll es nicht gemeint sein; die aufgeführten
Objekte sollen nicht im Jenseits, sondern schon im Diesseits, wenngleich unter Trübsal, ersetzt werden, und dazu soll dann im Jenseits
die in 29 verschwiegene Hauptsache, das ewige Leben, hinzukommen.

Der Text des Clemens Alexandrinus, auf den E. Schwartz im
Hermes 1903 p. 87 ss. die Aufmerksamkeit gerichtet hat, stimmt
zwar im Wortlaut so ziemlich mit dem des Vaticanus, unterscheidet

sich aber durch die logische Auffassung. Er lautet so: ὃς ἂν ἀφῇ τὰ ἴδια καὶ γονεῖς καὶ ἀδελφοὺς καὶ χρήματα ἕνεκεν ἐμοῦ καὶ ἕνεκεν τοῦ εὐαγγελίου, ἀπολήψεται ἑκατονταπλασίονα. Νῦν ἐν τῷ καιρῷ τούτῳ ἀγροὺς καὶ χρήματα καὶ οἰκίας καὶ ἀδελφοὺς ἔχειν μετὰ διωγμῶν εἰς ποῦ; ἐν δὲ τῷ ἐρχομένῳ ζωήν ἐστιν (sc. ἔχειν) αἰώνιον. Hier wird die Belohnung nicht schon hienieden in Aussicht gestellt und durch das Jenseits bloß vervollständigt. Sondern es heißt: wozu (εἰς ποῦ) einem Christen irdische Güter, von denen er wegen der Verfolgungen doch keinen Genuß hat? sein Gut liegt in der zukünftigen Welt.

Der Sinaiticus läßt die zweite Objektsreihe weg und verschmilzt 10, 29 mit 10, 30 zu einem Satze, womit natürlich die Interpunktion vor dem νῦν verschwindet. Ähnlich ändert Lukas, weniger stark Matthäus. Auch der Cantabrigiensis und die Latina bieten einen zurechtgemachten Text.

Man hat nur die Wahl zwischen dem Vaticanus und Clemens. Beiderorts ist nun alles, was auf ἑκατονταπλασίονα folgt, Interpretation. Aber die Fassung der Interpretation bei Clemens ist vorzuziehen. Im Vat. gibt μετὰ διωγμῶν keinen rechten Sinn. Im Vat. ist ferner der Vers 29 falsch verstanden, bei Clemens richtig. Denn Jesus will nicht sagen, die Jünger sollten den hundertfachen B e t r a g dessen, was sie aufgeopfert haben, wieder erhalten, sondern etwas, was hundertmal mehr w e r t i s t, dafür bekommen. Er meint nichts anderes als die ζωὴ αἰώνιος.

Vielleicht ist übrigens noch eine andere Möglichkeit zu erwägen. Εἰς ποῦ ist zwar sicher von Clemens vorgefunden; es könnte aber doch wohl auch ohne das der vorhergehende Satz als Frage aufgefaßt werden. Das könnte dann auch im Vaticanus geschehen, und καί auch dort adversativ (und dagegen) aufgefaßt werden. Damit fiele jeder Unterschied weg.

10, 31. Nach dem Zusammenhang, in den er hier gestellt wird, bedeutet der Spruch von der Umkehrung der irdischen Rangverhältnisse im Reiche Gottes vornehmlich: die Jünger, die auf Erden Alles verloren haben, werden im R. G. die ersten sein.

§ 52. 10, 32—34 (Mt 20, 17—19. Lc 18, 31—34).

Sie waren aber auf dem Wege hinauf nach Jerusalem, und Jesus ging ihnen voraus, und sie staunten und die Nachfolgenden fürchteten sich. Da holte Jesus die Zwölf wieder heran und begann ihnen zu sagen, was ihm bevorstünde: [33] Siehe wir gehn hinauf nach Jerusalem, und der Menschensohn wird den Erzpriestern und Schriftgelehrten übergeben werden, und sie werden ihn zum Tode verurteilen und den Heiden überantworten, [34] und sie werden ihn verspotten und anspeien und geißeln und töten, und nach drei Tagen wird er auferstehn.

Jerusalem wird hier zuerst deutlich als Ziel der Reise angegeben. Jesus drängt vorwärts, die Jünger scheinen zurückzubleiben, er holt sie wieder heran. Wozu aber der Wechsel: die Jünger, die Nachfolgenden, die Zwölf? Und ist das Subjekt von ἐφοβοῦντο das gleiche wie das von ἐθαμβοῦντο? Der Text sieht sehr geflickt und zurecht gemacht aus; im Cantabr. und in der Latina ist er etwas vereinfacht. — In den Todesweissagungen 8, 31. 9, 31 s. 10, 33 s. läßt sich ein Fortschritt zu größerer Bestimmtheit und Ausführlichkeit erkennen.

§ 53. 10, 35–45 (Mt 20, 20–28. Lc 22, 24–28).

Da traten Jakobus und Johannes, die Söhne von Zebedäus, heran und sagten zu ihm: Meister, wir möchten, daß du uns tuest, was wir auch bitten. [36] Er sagte: ich will es euch tun. [37] Sie sagten: gewähr uns, daß wir einer dir zur Rechten und einer dir zur Linken zu sitzen kommen in deiner Herrlichkeit. [38] Jesus sprach: ihr wißt nicht, was ihr verlangt — könnt ihr den Becher trinken, den ich trinke, und die Taufe erleiden, die ich erleide? [39] Sie sagten: ja wohl. Jesus sprach: den Becher, den ich trinke, werdet ihr trinken, und die Taufe, die ich erleide, werdet ihr erleiden; [40] aber den Sitz mir zur Rechten oder zur Linken habe ich nicht zu verleihen; er ist für die, denen er bestimmt ist.

[41] Als das die Zehn erfuhren, waren sie ungehalten über Jakobus und Johannes. [42] Und Jesus rief sie heran und sprach zu ihnen: Ihr wisset, daß die, welche für Fürsten der Völker gelten, als Herren mit ihnen schalten, und daß ihre Großen Gewalt über sie ausüben. [43] Nicht so ist es bei euch; sondern wer bei euch groß sein will, sei euer Diener; [44] und wer der erste unter euch sein will, sei der Knecht von allen. [45] Denn auch der Menschensohn

ist nicht gekommen, bedient zu werden, sondern zu bedienen,
und sein Leben zum Lösegeld für viele zu geben.

10, 35. Auf Petrus, der 8, 29. 10, 28 den Vortritt hat, folgen
hier Jakobus und Johannes; sie treten aber nicht öffentlich und als
Sprecher der Anderen auf, sondern privatim für sich. Obwohl sie
Jesus für den Messias halten, reden sie ihn nach wie vor mit
διδάσκαλε an.

10. 36. Ich habe nach dem Cantabr. und der Latina übersetzt.

10, 37. Die Zebedaiden sprechen so, als hätten sie von den unmittelbar vorher ausgesprochenen Worten Jesu 10, 33. 34 nicht das
geringste gehört. Man hat angenommen, daß sie glauben, auf dem
gegenwärtigen Wege nach Jerusalem direkt in das Reich einzugehn.
Aber schon ἐν τῇ δόξῃ σου widerspricht dem; die δόξα des Messias
liegt in der Zukunft und setzt seine Niedrigkeit in der Gegenwart voraus.

10, 38. Die beiden erbitten sich in Wahrheit nicht bloß Er-
freuliches; vor dem Eingang in das Reich Gottes liegt eine dunkle
Zwischenstufe, die auch sie durchmachen müssen, ebenso wie Jesus.
Die Taufe hat hier, neben dem Kelche (Mc 14, 36), die gleiche meta-
phorische Bedeutung wie in Lc 12, 50. Sie ist ein Untersinken zum
Auferstehn; und wie die Wassertaufe die Initiation des verborgenen
Messias, so ist die Todestaufe die Initiation des Messias der Herr-
lichkeit.

10, 39. Die Weissagung des Martyriums bezieht sich nicht bloß
auf Jakobus, sondern auch auf Johannes, und wenn sie zur einen Hälfte
unerfüllt geblieben wäre, so stünde sie schwerlich im Evangelium.
Es erhebt sich also ein schweres Bedenken gegen die Zuverlässigkeit
der Überlieferung, daß der Apostel Johannes im hohen Alter eines
nicht gewaltsamen Todes gestorben sei. — Nach dem Hebräer-
evangelium soll Jakobus allein den Kelch trinken.

10, 41. Hier ist nicht wie vorher vom künftigen Reiche Gottes,
sondern von der christlichen Gemeinde die Rede. Es soll darin keinen
Streit um den Primat und um den Rang geben. Ein Ansatz zu dem
Ausspruch ist schon bei früherer Gelegenheit (9, 33 s.) gemacht worden.

10, 45. Die ἀπολύτρωσις durch den Tod Jesu ragt nur hier in
das Evangelium hinein; unmittelbar vorher ist er nicht f ü r die
Anderen und an ihrer statt gestorben, sondern ihnen v o r gestorben,
damit sie ihm nachsterben. Bei Lc 22, 27 fehlen die Worte καὶ δοῦναι
κτλ. Sie passen in der Tat nicht zu διακονῆσαι, denn das heißt „be-

dienen, bei Tisch aufwarten". Der Schritt vom Bedienen zum Hingeben des Lebens als Lösegeld ist eine μετάβασις εἰς ἄλλο γένος. Er erklärt sich vielleicht aus der Diakonie des Abendmahls, wo Jesus mit Brot und Wein sein Fleisch und Blut spendet.

§ 54. 10, 46–53 (Mt 20, 29–34. Lc 18, 35–43).

Und sie kamen nach Jericho. Und als er von Jericho wegging, mit seinen Jüngern und vielem Volk, saß ein Blinder am Wege und bettelte, der Sohn des Timäus, Bartimäus. ⁴⁷ Und da er hörte, es wäre Jesus von Nazareth, begann er zu schreien: Sohn Davids, Jesus, erbarm dich mein! ⁴⁸ Und viele schalten ihn, damit er schwiege; er schrie aber nur um so lauter: Sohn Davids, erbarm dich mein. ⁴⁹ Und Jesus blieb stehn und sagte: ruft ihn. Und sie riefen den Blinden und sagten zu ihm: sei getrost, steh auf, er ruft dich. ⁵⁰ Da warf er seinen Mantel ab, sprang auf und kam zu ihm. ⁵¹ Und Jesus hub an und sagte zu ihm: was willst du, daß ich dir tun soll? ⁵² Der Blinde sagte: Rabbuni, daß ich sehend werde! ⁵³ Und Jesus sprach: geh, dein Glaube hat dich gerettet. Und alsbald ward er sehend und folgte ihm auf dem Wege.

10, 46. Nur hier und bei Jairus wird ein Name angegeben, und zwar ein Patronym, in griechischer und aramäischer Form neben einander. Wer Bartimäus von Jericho bei Mc als den Sohn des Unreinen deutet und dagegen Zacchäus von Jericho bei Lukas als den Reinen, macht sich lächerlich. Timai mag Abkürzung von Timotheus sein.

10, 47. Die Anrede Sohn Davids wird von Jesus nicht mehr zurückgewiesen. Sie erscheint hier bei Mc zum erstenmal, und zwar nicht im Munde eines Jüngers, sondern eines blinden Mannes aus dem Volke. Es befremdet nicht, daß derselbe hernach in ruhigerer Rede nicht Sohn Davids, sondern Rabbuni sagt.

10, 51. Wie 9, 5 ραββί, so ist hier ραββουνι beibehalten. Die vollere Form bedeutet ebenfalls διδάσκαλε; im Syrischen tritt sie regelmäßig im Plural für die einfache ein. R a b b û n ist aus r a b b ô n (palästinisch für r a b b â n) verdunkelt.

10, 52. In auffallendem Unterschiede von § 42 heilt Jesus hier den Blinden bloß durch sein Wort. Σώζειν hat den einfachen Sinn

von 3, 4. 5, 37, nämlich: gesund machen. Ebenso wird ἀκολουθεῖν
hier nicht in der sublimen religiösen Bedeutung gebraucht.

III. Die Passion. § 55—90.

§ 55. 11, 1–10 (Mt 21, 1–9. Lc 19, 29–38).

Und als sie in die Nähe von Jerusalem kamen, nach Bethphage [und Bethania] am Ölberge, sandte er zwei seiner Jünger
und sagte ihnen: ² geht in das Dorf vor euch, und gleich beim
Eingang werdet ihr ein Eselsfüllen angebunden finden, auf dem
noch nie ein Mensch gesessen hat, das bindet los und bringt es
her; ³ und wenn euch einer sagt: was macht ihr da? so sprecht:
der Herr bedarf sein und schickt es gleich wieder her. ⁴ Und sie
gingen fort und fanden ein Eselsfüllen angebunden am Tor draußen
auf dem freien Platz, und banden es los. ⁵ Und etliche, die dabei
standen, sagten zu ihnen: was macht ihr, daß ihr das Füllen los-
bindet? ⁶ Da sagten sie wie Jesus geboten hatte, und man ließ
sie gewähren. ⁷ Und sie brachten das Füllen zu Jesus und legten
ihre Kleider darauf, und er setzte sich darauf. ⁸ Und viele breiteten
ihre Kleider auf den Weg, andere rissen Kräuter aus den Äckern
und bestreuten damit den Weg. ⁹ Und die voraus und hinterdrein gingen, schrien: Osanna, gesegnet der da kommt im Namen
des Herrn, ¹⁰ gesegnet das kommende Reich unseres Vaters
David, Osanna in der Höhe!

11, 1.   Die doppelte Ortsbestimmung εἰς Βηθφαγὴ καὶ Βηθανίαν
fällt auf. Es scheint eine Variante vorzuliegen, zumal in der Syra
das καὶ fehlt. Matthäus hat nur Bethphage, und dafür spricht,
daß zur allgemeinen Orientierung ein bekannter Ort erwartet wird.
Bethania war unbekannt, gewann aber für die Christen Bedeutung und
wurde vielleicht deshalb eingesetzt. Der Ölberg liegt auf dem Wege
von Jericho nach Jerusalem (2 Sam 15, 30).

11, 2.   Der Ort wird nicht genannt und nicht für den Leser,
sondern nur für die Boten deutlich bezeichnet: das Dorf da, das ihr
vor euch seht. Bethphage ist gemeint.

11, 3. 4. Ὁ κύριος soll absichtlich geheimnisvoll klingen; Jesus bezeichnet sich bei Mc sonst weder selber so, noch wird er von seinen Jüngern oder vom Erzähler so genannt. Unter πρὸς θύραν ἔξω hat man zu verstehn, was im Hebräischen פתח השער heißt, den Raum vor dem Eingang des Tores. Ἄμφοδον ist in der Septuaginta neutral.

11, 8. Στιβάς im Singular ist Streu, Lager; hier im Plural muß es Kräuter zum Streuen bedeuten. Beispiele zum Ausbreiten von Kleidern und Streuen von wohlriechenden Kräutern auf den Weg findet man vielfach, z. B. bei dem Einzuge des Kaisers Heraklius in Jerusalem, Tab. I 1562, 3. Das Abhauen von wildwachsenden Stauden auf den Äckern zeigt übrigens, daß der Zug außerhalb Jerusalems zu denken ist und nicht drinnen; der Eintritt in die Stadt wird erst 11, 11 berichtet und dabei erscheint Jesus nur von den Zwölf begleitet. Also versteht Matthäus falsch und Lukas (19, 37. 41) richtig.

11, 9. Osanna oder Osianna ist eigentlich ein Hilferuf an den König, der ursprünglich selber mit dem Imperativ angeredet wird und im Vokativ dahinter steht (2 Sam 14, 4. 2 Reg 6, 26). Später aber hat man Gott zum Subjekt des Imperativs gemacht und den König aus dem Vokativ in den Dativ gestellt (Ps 20, 10. 118, 25). In jedem Falle wird Jesus damit vom Volke als der König von Israel begrüßt.

Man darf hier nicht rationalisieren. Jesus hat nicht vorher den Esel bestellt und sich mit dessen Besitzern verständigt, sondern er weiß den Zufall voraus, weil Gott, der den Zufall lenkt, mit ihm ist. Und der Esel dient keinen gemeinen praktischen Zwecken, es ist vielmehr der Esel der messianischen Weissagung Zach 9, 9 — darum heißt er auch ὁ πῶλος. Jesus reitet also als Messias ein, jedoch nicht hoch zu Roß, sondern demütig auf einem Esel. Auf dem Ölberg sollte nach Zach 14, 4 Jahve, nach dem jüdischen Volksglauben der Messias erscheinen. Auf dem Ölberg erschien auch später der ägyptische Pseudomessias (Jos. Bellum 2, 62. Ant. 20, 169), ähnlich wie der samaritanische auf dem heiligen Berge über Sichem (Bellum 3, 307. Ant. 18, 85).

Es befremdet nun aber, daß diese Demonstration hinterher gar keine Wirkung hat. Weder die Hohenpriester noch die Römer nehmen Akt davon, während sie doch namentlich den Römern, die in solchen Fällen nicht mit sich spaßen ließen, Anlaß zum Einschreiten

hätte geben müssen, auch wenn der Zug sich nicht durch die Straßen
von Jerusalem bewegte. Darnach läßt sich kaum glauben, daß Jesus
selber der Urheber der Scene und dafür verantwortlich war. Wenn
sie sich wirklich zugetragen hat, so ist sie extemporiert gewesen und
hat kein Aufsehen erregt.

Die evangelische Überlieferung läßt erkennen, daß das Hinauf-
ziehen Jesu nach Jerusalem nicht eine bloße Pilgerfahrt war, sondern
aus anderem Anlaß zu anderem Zwecke erfolgte (Joa 7, 3. 4). Er
muß auch schon geraume Zeit vor dem Feste dort eingetroffen sein.
Der Versuch des Mc, den Aufenthalt in eine Woche zusammenzudrängen,
mislingt; der Stoff widerstrebt dem an sich etwas unsicheren Schema
der sechs Tage, in das er gezwungen werden soll. Wenn er 14, 49
sagt: „bin ich doch t ä g l i c h bei euch gewesen und habe im Tempel
gelehrt", so reicht ein zweitägiges Lehren (11, 15—12, 38) nicht aus,
um καθ' ἡμέραν zu rechtfertigen. Also ist auch der große Haufe,
der ihn von Peräa an begleitete, mit ihm Jericho passierte (wo sich
Bartimäus anschloß) und vom Ölberge herabzog, nicht wegen
des Festes mit ihm gegangen, sondern seiner Person wegen, in Er-
wartung dessen, was er in der heiligen Stadt tun würde.

§ 56.   11, 11—14.

Und er ging nach Jerusalem hinein in den Tempel. Und
nachdem er sich überall umgeschaut hatte, schon zu später Stunde,
begab er sich hinaus nach Bethania mit den Zwölfen. [12] Und am
anderen Morgen, als sie von Bethania aufbrachen, hungerte ihn.
[13] Und er sah von weitem einen Feigenbaum und trat heran, ob
er etwas daran fände. Und wie er herankam, fand er nur Blätter,
denn es war nicht die Zeit für Feigen. [14] Da hub er an und sprach
zu dem Baume: nie mehr in Ewigkeit soll man von dir Frucht
essen. Und seine Jünger hörten es.

11, 11. Es heißt Lc 2, 41, daß Jesu Eltern alle Jahr auf das Fest
nach Jerusalem wanderten und ihn frühzeitig mitnahmen. Wenn er
aber hier im Tempel alles besieht, so scheint er noch nicht oft darin
gewesen zu sein.

11, 12—14. Vgl. zu 13, 28. 29. Bernhard Weiß weiß, daß die
Verwünschung des Feigenbaumes von Jesu „natürlich" nur symbolisch gemeint und ohne seine Absicht von Gott dennoch realisiert

sei — er hat Jesum verstanden und Gott hat ihn misverstanden.
Daß Jesus selber in § 58 die Vertrocknung des Baumes als Beweis
seines Glaubens und seiner Gebetserhörung auffaßt, schlägt er in den
Wind. Bei Lukas fehlen § 56 und § 58. Obwohl er die beiden Stücke
gewiß (vgl. 17, 6) vorgefunden und nur aus Bedenken gegen den
Inhalt ausgelassen hat, so unterbrechen sie doch in der Tat den Haupt-
zusammenhang.

Auch 11, 11 und 11, 15 stehn in keinem rechten Verhältnis;
man vermißt 11, 15 die Rückbeziehung, ein πάλιν wäre hier mindestens
ebenso angebracht gewesen wie 11, 27. Der Anfang und der Schluß
von 11, 11 wiederholen in kürzerer Form den Anfang und den Schluß
von § 57; in der Mitte fehlt jedoch der Inhalt. Kein Wunder, daß
11, 11 nicht bloß von Lukas ignoriert, sondern auch von Matthäus
zeitlich mit 11, 15 zusammengeworfen wird. Indessen wird man
doch vielleicht die Tempelreinigung mit der Scene am Ölberg nicht
auf einen und den selben Tag setzen dürfen. Vielleicht berichtete
die älteste Überlieferung, daß Jesus nach der Ovation § 55 einfach
am Ölberg, in Bethania, blieb, um dort Quartier zu nehmen (daß er
das tat, wird im Folgenden vorausgesetzt, hätte aber gesagt werden
müssen), und daß er erst am folgenden Morgen nach Jerusalem ging.
Später wurde dann das Bedürfnis empfunden, die Prozession von
Palmarum in Jerusalem selber endigen zu lassen, welches von Mc
in einer primitiveren Weise befriedigt wird, als von Matthäus und
Lukas. — Zum Schlußsatz von 11, 13 vgl. Strauß 2, 240. 245.

§ 57. 11, 15-19 (Mt 21, 12-17. Lc 19, 45-48).

Und sie gingen nach Jerusalem. Und er trat in den Tempel
ein und begann die Verkäufer und Käufer im Tempel auszutreiben, und die Tische der Wechsler und die Bänke der Tauben-
händler stieß er um, [16] und wollte nicht gestatten, daß man
ein Gefäß durch den Tempel trüge. [17] Und er lehrte und sprach:
steht nicht geschrieben, mein Haus soll allen Völkern ein Bethaus
heißen? ihr aber habt eine Räuberhöhle daraus gemacht. [18] Und
die Erzpriester und Schriftgelehrten erfuhren es und suchten,
wie sie ihn verderben möchten; denn sie fürchteten ihn, weil alles
Volk hingerissen war von seiner Lehre. [19] Und wenn es spät wurde,
gingen sie hinaus an einen Ort außerhalb der Stadt.

Jesus schaltet als Herr im Tempel und nimmt eine Befugnis nicht gewöhnlicher Art in Anspruch; sein Auftreten hat in Wahrheit wohl noch mehr bedeutet, als daraus gemacht wird. Aber die Erz-priester und die Synedristen, denen er dadurch in das Gehege kommt, wagen es nicht, die Tempelpolizei, die ihnen doch zustand, gegen ihn in Anwendung zu bringen; sie stellen ihn nur zur Rede und lassen sich in Diskussion mit ihm ein, als wäre er eine ebenbürtige Gegen-partei. Das beweist, wie groß sein Anhang war. Schade, daß von seiner Lehre, die so gewaltigen Eindruck machte, gar keine Probe gegeben wird; denn das Zitat 11, 17 kann nicht dafür gelten. Es war vermutlich nicht bloß seine Lehre, welche hinriß, sondern min-destens ebenso sehr seine Person und sein zuversichtliches Handeln.

11, 15. Κατέστρεψεν fehlt im Cantabr. und in der Syra, aber nicht in der Latina. Es schien vielleicht zu derb.

11, 17. Der Dativ gehört nach der Absicht von Isa 56 zu Bethaus, nach der Absicht Jesu aber vielleicht zu dem passiven Verbum, als handelndes Subjekt. Denn er legt den Nachdruck nicht auf die U n i v e r s a l i t ä t des Bethauses, sondern auf den nackten Begriff des B e t h a u s e s selber.

11, 18. Zu dem Motiv vgl. Joa 11, 48. Natürlicher wäre es, wenn der Beifall, den Jesus beim Volk fand, die Synedristen von der Ausführung ihres Vorhabens z u r ü c k g e s c h r e c k t hätte. In-dessen das erste γάρ adversativ zu fassen, ist wohl nicht möglich. Die Latina hat dafür e t.

11, 19. Bethania kommt bei Mc nur in § 56 und 69 vor, hier läßt er den Ort außerhalb Jerusalems unbestimmt.

§ 58.   11, 20–25 (Mt 21, 18–22).

Und am andern Morgen früh vorbeikommend, sahen sie den Feigenbaum verdorrt bis auf die Wurzeln. [21] Und Petrus erinnerte sich und sagte zu ihm: Rabbi, der Feigenbaum, den du verflucht hast, ist verdorrt. [22] Und Jesus hub an und sprach zu ihnen: Habt Glauben an Gott! [23] Amen ich sage euch, wer zu dem Berge da spräche: heb dich und stürz in den See, und in seinem Herzen nicht zweifelte, sondern glaubte, daß sein Wort geschähe, dem würde es geschehen. [24] Darum sage ich euch, was immer ihr betet und bittet, glaubt nur, daß ihr erhört

seid, so wird es euch werden. ²⁵ Und wenn ihr steht und betet,
so vergebt, was ihr etwa gegen wen habt, damit auch euer Vater
in den Himmeln euch eure Übertretungen vergebe.

Dieser Nachtrag zu § 56 ist davon getrennt und zerreißt an seiner
Stelle den Zusammenhang zwischen § 57 und 59. Der verdorrte
Feigenbaum wird benutzt, um Aussprüche Jesu daran zu hängen,
die sicherlich nicht an ihm gewachsen sind. Der Berg am See, auf
den mit der Hand gewiesen wird, führt auf Galiläa und nicht auf
Jerusalem. Man bemerke, wie allgemein der Glaube hier gefaßt ist;
es ist der Glaube an Gott, nicht an Jesus. In 11, 24 wird der Übergang zum Gebet gemacht, für dessen Erhörung der Glaube Bedingung
ist; das Präteritum ἐλάβετε ist in meiner Übersetzung erklärt. In
11, 25 wird noch eine andere Bedingung für die Erhörlichkeit des
Gebetes hinzugefügt, die sich ähnlich schon bei Sirach (28, 2) findet.
Sehr auffallend für Mc ist der Ausdruck ὁ πατὴρ ὑμῶν ὁ ἐν τοῖς οὐρανοῖς
Er erinnert an das Vaterunser. M₃ mag dasselbe als Gemeindegebet
gekannt haben, hat aber nicht gewagt, es dem Wortlaut nach auf
Jesus zurückzuführen. Jesus gibt bei ihm kein Formular, sondern
nur allgemeine Regeln für das Beten. Er stellt die Bereitwilligkeit
zu vergeben schlechthin als Vorbedingung auf, „wenn man steht
und betet". Auch die Bitte „führ uns nicht in Versuchung" steht
bei Mc (14, 37) für sich und nicht im Zusammenhange des Vaterunsers.

§ 59. 11, 27—33 (Mt 21, 23—27. Lc 20, 1—8).

Und sie kamen wieder nach Jerusalem. Und wie er im
Tempel herum ging, traten die Erzpriester und Schriftgelehrten
und Ältesten zu ihm und sagten: ²⁸ kraft welcher Macht tust
du das? oder wer hat dir die Ermächtigung gegeben, dies zu
tun? ²⁹ Jesus sagte: Ich will euch etwas fragen, antwortet
mir und ich will euch sagen, kraft welcher Macht ich dies tue.
³⁰ War die Taufe Johannis vom Himmel oder von Menschen? antwortet mir. ³¹ Und sie überlegten bei sich: sollen wir sagen:
vom Himmel? dann sagt er: warum habt ihr ihm denn nicht
geglaubt! ³² oder sollen wir sagen: von Menschen? Das wagten
sie nicht wegen des Volkes, denn sie hielten dafür, daß Johannes
wirklich ein Prophet war. ³³ Und sie antworteten Jesu: wir
wissen es nicht. Und Jesus erwiderte ihnen: so sage auch ich euch
nicht, kraft welcher Macht ich dies tue.

11, 27. Die Frage nach der Befugnis ist veranlaßt durch die Tempelreinigung, das ταῦτα (ποιεῖς oder ποιῶ) weist darauf als auf etwas unmittelbar Vorliegendes hin, in einer Weise, daß nicht nur die Unterbrechung des Erzählungsfadens durch den Einschub von § 58 befremdet, sondern sogar die Verlegung von § 59 auf einen anderen Tag als § 57.

11, 30. „Johannes d e r T ä u f e r" hieß Johannes nicht schon zu seinen Lebzeiten. Hier wird er weder von Jesus noch von dem Erzähler (11, 32) so genannt.

11, 31. Fast überall ist οὖν bei Mc erst im Verlauf der handschriftlichen Überlieferung eingesetzt, so 12, 6. 9. 23. 27. 37. An unserer Stelle hat Lukas es nicht vorgefunden und 10, 9 fehlt es im Cantabr. Nur 13, 35 scheint es echt zu sein.

11, 32. Ἀλλά heißt o d e r a b e r = v'illâ, wie Mt 11, 8. Es folgt kein Bedingungssatz, dem ja auch die Apodosis fehlen würde, sondern eine überlegene Frage. Man würde darnach auch in der Parallele 11, 31 eine solche erwarten; ἐάν scheint dort nachträglich suppliert zu sein.

11, 33. In dem, was Jesus sagt, liegt in der Tat doch eine positive Antwort. Er beruft sich selber auf Johannes, der auch seine Autorität nicht von den Menschen hatte, von der menschlichen Autorität nicht anerkannt wurde, aber dennoch vom Himmel gesandt war

§ 60. 12, 1–12 (Mt 21, 33–46. Lc 20, 9–19).

Und er begann zu ihnen in Gleichnissen zu reden. Einen Weinberg pflanzte ein Mann und machte einen Zaun darum und hieb eine Kelter aus und baute einen Turm. Und er tat ihn aus an Pächter und ging außer Landes. ² Und als es Zeit war, sandte er zu den Pächtern einen Knecht, daß sie ihm von der Frucht des Weinbergs sein Teil gäben. ³ Und sie nahmen ihn und schlugen ihn und ließen ihn mit leeren Händen ziehen. ⁴ Und wiederum sandte er zu ihnen eine anderen Knecht, auch den mishandelten und beschimpften sie. ⁵ Und einen anderen sandte er, den töteten sie. Und viele andere, die einen schlugen, die anderen töteten sie. ⁶ Da hatte er noch einen einzigen, einen vielgeliebten Sohn, den sandte er zuletzt zu ihnen, meinend: vor meinem Sohne werden sie sich scheuen. ⁷ Die Pächter aber

sprachen unter sich: dies ist der Erbe, auf, laßt uns ihn töten, so
wird das Erbe unser sein. ⁸ Und sie nahmen ihn und töteten
ihn und warfen ihn außen vor den Weinberg hin. ⁹ Was wird
nun der Herr des Weinbergs tun? Er wird kommen und die
Pächter umbringen und den Weinberg Anderen geben. ¹⁰ Habt
ihr nicht auch dieses Wort in der Schrift gelesen: „der Stein, den
die Bauleute verworfen haben, der ist zum Eckstein geworden,
¹¹ von dem Herrn ist dieser gekommen und wunderbar erscheint
er uns". ¹² Und sie suchten sich seiner zu bemächtigen, fürchteten
aber das Volk; denn sie erkannten, daß er das Gleichnis auf sie
gemünzt hatte. Und sie ließen ihn und gingen ab.

12, 1. Αὐτοῖς sind die Synedristen. Jesus protestiert auch
hier dagegen, daß sie ihre bloß gepachtete Autorität seiner angestamm-
ten göttlichen entgegensetzen; Rebellen seien sie, nicht er. Die ausführliche Wiederholung von Isa 5 trägt für die Sache gar nichts aus;
auch καὶ ἀπεδήμησεν ist sehr überflüssig und stammt wohl aus 13, 34.

12, 2. Zu τῷ καιρῷ ergänzt Matthäus richtig τῶν καρπῶν.

12, 4. fehlt in der Syra. Ἐκεφαλίωσαν ist im Sinne von ἐκολά-
φισαν gebraucht, darf aber nicht korrigiert werden.

12, 5. Die zweite Hälfte fehlt bei Lukas, der richtig empfunden
zu haben scheint, daß hier die Sache (die vielen Propheten) allzu sehr
aus dem Gleichnis hervorguckt.

12, 6. Der einzige Sohn und der Lieblingssohn läuft auf das
selbe hinaus (§ 2); vgl. Jud 11, 34 μονογενὴς ἀγαπητή.

12, 8. Sie töten ihn innerhalb des Weinberges und werfen dann
die Leiche hinaus, ohne sie zu begraben.

12, 10. 11. Das Zitat (Ps 118, 22. 23) führt weiter als der
wahre Schluß 12, 9 und hängt über, wie Jülicher richtig erkannt hat.

12, 12. Das Gleichnis ist eine kaum verhüllte Allegorie und
die Hohenpriester verstehn sofort. Der Zorn darüber, daß ihnen
auf den Kopf gesagt wird, was sie tun werden, beschleunigt die Ausführung ihres Vorhabens. Das wäre an sich nicht unmöglich. Ob
aber Jesus wirklich in dieser Weise den Teufel an die Wand gemalt
hat, darf man bezweifeln. Gegen sein ausweichendes, vorsichtiges
Verfahren in § 59 und § 61 sticht es seltsam ab, daß er hier die Gegner
herausfordert, sich ihnen offen als den Sohn Gottes zu erkennen gibt
und seine Tötung als ausgemachte Sache betrachtet. — Überall tritt
hervor, daß er an dem Volk eine Stütze hat, die sich freilich zum

Schluß als gebrechlich herausstellt. Das Synedrium fühlt sich dem
Volk gegenüber unsicher und wagt seine obrigkeitliche Befugnis
nicht recht geltend zu machen, um den Geist zu dämpfen. Man kennt
das aus dem Alten Testament, besonders aus Amos 7.

§ 61. 12, 13–17 (Mt 22, 15–22. Lc 20, 20–26).

Und sie sandten einige von den Pharisäern und von den
Herodianern, die ihm mit Worten eine Falle stellen sollten. [14] Und
sie kamen und sagten zu ihm: Meister, wir wissen, daß du wahr-
haftig bist und auf niemand Rücksicht nimmst, denn du siehst
keine Person an, sondern lehrst nach Wahrheit den Weg Gottes
— ist es erlaubt, dem Kaiser Kopfsteuer zu geben, oder nicht?
sollen wir sie geben oder nicht? [15] Er erkannte aber ihre Falschheit und sagte zu ihnen: was versucht ihr mich? bringt mir einen
Silberling, daß ich ihn sehe. [16] Sie brachten ihm einen, und er
fragte sie: wessen ist dieses Bild und die Aufschrift? Sie antworteten: des Kaisers. [17] Da sprach Jesus zu ihnen: was des
Kaisers ist, entrichtet dem Kaiser, und was Gottes ist, Gotte. Und
sie wunderten sich über ihn gewaltig.

12, 13. Das Subjekt zu ἀποστέλλουσιν ist unbestimmt. Die
Herodianer fallen in Jerusalem auf, sie haben ihre Stelle in Galiläa.
Aber es sollen Römerfeinde und Römerfreunde sich zu der Frage
vereinen, so daß Jesus in Gefahr gerät, mag er ja oder nein antworten.

12, 14. Weg Gottes = Religion. Die strengen Juden meinten,
Kopfsteuer dürfe nur an Gott (an den Tempel) entrichtet werden.

12, 15. Falschheit wird ihnen vorgeworfen, weil sie nicht in
Wirklichkeit das Rechte wissen, sondern mit der Frage eine Falle
stellen wollen. Die Steuer wird in römischem Silber bezahlt, das den
Kopf des Kaisers zeigte; die im Lande geprägten Kupfermünzen
hatten keinen Kopf. Jesus hat kein Silbergeld bei sich.

12, 17. Jesus zeigt sich gerade so vorsichtig wie in § 59. Zur
Überraschung der Gegner versteht er es, dem Dilemna sich zu ent-
ziehen. Etwas weiteres beabsichtigt er nicht. Allerdings kann die
Ablehnung der Theokratie in der Konsequenz seiner Antwort gefunden
werden. Er stellt aber keinen Grundsatz auf, wonach das Gebiet
Gottes und das Gebiet des Kaisers reinlich geschieden werden könnten.

Etwas profan und recht verkehrt meint Leopold Ranke, Mc 12, 17 sei das wichtigste und folgenreichste Wort Jesu gewesen.

§ 62. 12, 18—27 (Mt 22, 22—33. Lc 20. 27—38).

Und die Sadducäer kamen zu ihm — die sagen, es gäbe keine Auferstehung — und fragten ihn: [19] Meister, Moses hat uns vorgeschrieben, wenn einem sein Bruder stirbt und hinterläßt ein Weib und kein Kind, so soll sein Bruder das Weib nehmen und seinem Bruder Nachkommen erzeugen. [20] Nun waren sieben Brüder, der erste nahm ein Weib, starb und hinterließ keine Nachkommen. [21] Und der andere nahm sie und starb ohne Nachkommen, ebenso auch der dritte, [22] und alle sieben hinterließen keine Nachkommen. Zuletzt nach allen starb auch das Weib. [23] Bei der Auferstehung nun, wenn sie auferstehn, wessen Weib wird sie dann sein? sie haben sie ja alle sieben zum Weibe gehabt. [24] Jesus sprach zu ihnen: Zeigt ihr damit nicht, daß ihr irrt und weder die Schrift kennt noch die Macht Gottes? [25] Denn wenn sie von den Toten auferstehn, freien sie nicht, noch werden sie gefreit, sondern sie sind wie die Engel im Himmel. [26] Was aber die Toten betrifft, daß sie auferstehn — habt ihr nicht im Buche Mosis gelesen, in der Geschichte vom Dornbusch, wie Gott zu ihm sprach: ich bin der Gott Abrahams und der Gott Isaaks und der Gott Jakobs? [27] Er ist aber nicht Gott von Toten, sondern von Lebendigen. Ihr irrt nicht wenig.

12, 24—27. Jesus weist die Voraussetzung zurück, welche die Gegner als zugestanden betrachten und von der aus sie den Auferstehungsglauben ad absurdum führen, nämlich, daß nach der Auferstehung das durch den Tod unterbrochene irdische Leben einfach fortgesetzt werde; er teilt also nicht die herrschende Meinung über das Jenseits. Die Leviratsehe bestand freilich zur Zeit Jesu wohl nicht mehr. Die Sadducäer wollen also vielleicht nur sagen, daß M o s e s , indem er sie vorschrieb, nicht an die Auferstehung geglaubt haben könne. Jesus fügt nun den positiven Beweis hinzu, daß Moses an einer anderen Stelle die Auferstehung in der Tat voraussetze. Mit dem Grundsatz, daß Gott nicht ein Gott der Toten, sondern der Lebendigen sei, trifft er die Meinung des Alten Testaments. Aber das Alte Testament folgert daraus, daß die Verstorbenen von jeder Beziehung zu Gott ausgeschlossen seien: wer kann dich in der Hölle preisen! —

Der Ausdruck ἄγγελοι ἐν τοῖς οὐρανοῖς befremdet bei Mc; vgl.
13, 32.

§ 63. 12, 28–34 (Mt 22, 34–40. Lc 10, 25–28).

Da trat ein Schriftgelehrter hinzu, der hatte sie streiten
hören und gemerkt, daß er ihnen gut geantwortet hatte, und
fragte ihn: welches Gebot ist das oberste? [29] Jesus antwortete:
Das alleroberste ist: höre Israel, der Herr unser Gott ist der
Herr allein, [30] und du sollst den Herrn deinen Gott lieben von
ganzem Herzen und von ganzer Seele und von ganzem Gemüt
und mit ganzer Kraft. [31] Das zweite ist dies: du sollst deinen
Nächsten lieben wie dich selbst. Ein anderes Gebot, größer
als diese, gibt es nicht. [32] Und der Schriftgelehrte sagte: recht
so, Meister, du hast nach der Wahrheit geredet: er ist der einzige
und keiner neben ihm, [33] und ihn lieben von ganzem Herzen
und von ganzem Gemüte und mit ganzer Kraft, und den Nächsten
lieben wie sich selbst, ist besser als alle Brandopfer und anderen
Opfer. [34] Und Jesus sah, daß er verständig antwortete, und
sagte zu ihm: du bist nicht ferne vom Reiche Gottes.

12, 28. Erzpriester, Pharisäer und Sadducäer sind Schlag
auf Schlag abgefertigt, alle an dem selben Tage. Die Reihe beschließt
ein unbefangener Rabbi. Er legt Jesu auch eine Frage vor, aber
aufrichtig und nicht in feindlicher Absicht, und erhält eine Antwort,
die ihn vollauf befriedigt. Matthäus und Lukas stoßen sich daran,
daß Jesus sich mit dem Rabbi auf dem Boden des edelsten Judentums zusammenfindet.

12, 29—33. Jesus antwortet mit zwei Sprüchen des Gesetzes,
die auch der Rabbi als dessen Blüte und Kern anerkennt. Nur hier
redet er, mit den Worten des Alten Testaments, von der Liebe Gottes
und des Nächsten; für gewöhnlich führt er sie nicht im Munde. Der
Monotheismus ist keine Theorie, sondern praktische Überzeugung,
Motiv der innersten Gesinnung und des Handelns gegen den Nächsten
d. h. der Moral: auch letztere gehört nach der Ergänzung des Schriftgelehrten zum Gottesdienst und ist der richtige Kultus, mehr wert
als alle heiligen Leistungen, die Gott speziell dargebracht werden
und keinem anderen nützen. Die Kombination der beiden Sprüche,
die im Gesetz an ganz verschiedenen Stellen stehn, ist für den Sinn
des Ganzen sehr wichtig.

12, 34. Man kann hiernach schon auf Erden entweder im Reiche Gottes darin sein, oder nahe dabei, oder entfernt davon. Der Begriff ist hier nicht so ausgesprochen eschatologisch wie in den Äußerungen, die in dem Abschnitt über die Reise nach Jerusalem vorkommen. Jesus sagt dem Schriftgelehrten auch nicht: laß alles fahren und folge mir nach. Die Liebe Gottes und des Nächsten ist nicht das selbe wie Weltentsagung. Der Dekalog (10, 19) kann wohl überboten werden, aber der Monotheismus, so wie er in der Kombination der Stellen des Deuteronomiums und des Levitikus sich darstellt, kann nicht überboten werden, auch nicht von der Nachfolge und dem Martyrium.

§ 64. 12, 35–37 (Mt 22, 41–46. Lc 20, 41–44).

Und niemand wagte ihn mehr zu fragen. [35] Und Jesus hub an und sagte beim Lehren im Tempel: wie können die Schriftgelehrten sagen, daß der Christus der Sohn Davids sei? [36] David hat doch durch den heiligen Geist gesprochen: der Herr hat gesagt zu meinem Herrn: setz dich zu meiner Rechten, bis ich deine Feinde unter deine Füße lege! [37] David selber nennt ihn Herr, woher ist er denn sein Sohn?

Jesus behauptet, der Messias sei nicht Davids Sohn, sondern mehr als das. Er weist die Meinung der Schriftgelehrten in diesem Punkte ebenso ab, wie er es früher (9, 11) in einem anderen Punkte getan hat. Da er nun 9, 11 pro domo redet, so vermutlich auch hier. Er ist der Messias, obwohl die jüdischen Vorstellungen über diesen auf ihn nicht passen; denn ihm hat kein Elias die Hindernisse aus dem Wege geräumt und er stammt auch nicht von David.

§ 65. 12, 38–40 (Mt 23. Lc 20, 45–47).

Und die große Menge hörte ihn gern. [38] Und in seiner Lehre sagte er: Hütet euch vor den Schriftgelehrten, die es lieben in Talaren einherzugehn und gegrüßt sein wollen auf den Straßen und gern obenan sitzen in den Synagogen und an Tisch beim Mahle [40] und fressen der Witwen Hausgut und verrichten lange Gebete zum Schein: die werden die schlimmste Strafe empfangen.

Beim Lehren des Volkes nimmt Jesus in bezug auf die Schriftgelehrten kein Blatt vor den Mund. Sie mochten sich seiner Beobachtung und Kritik in Jerusalem noch mehr aufdrängen als in Galiläa. Für στολαῖς 12, 38 bietet die Syra στοαῖς; das verdient aber nicht den Vorzug.

§ 66.   12, 41–44 (Lc 21, 1–4).

Und er setzte sich gegen den Opferstock und sah zu, wie die Leute Münzen in den Opferstock einwarfen. [42] Und manche Reiche gaben viel, eine Witwe aber kam und warf zwei Scherflein ein, das macht einen Heller. [43] Da rief er seine Jünger heran und sprach: Amen ich sage euch, diese arme Witwe hat mehr eingelegt als alle, die in den Opferstock eingelegt haben; [44] denn alle haben aus ihrem Überfluß eingelegt, diese aber hat aus ihrer Dürftigkeit eingelegt, alles was sie hatte, ihre ganze Habe.

E. Klostermann führt aus Catena 406 an: αὕτη ἡ χήρα (42) τῶν γαστριζουσῶν τοὺς γραμματεῖς (40) τιμιωτέρα καθέστηκεν und rezipiert davon mit Recht, daß § 66 seinen Platz dem Stichwort χήρα (40) verdanke.

In Jerusalem verrichtet Jesus überhaupt keine Wunder mehr, auch keine Heilungen und Dämonenaustreibungen. Ebenso ist der Abstand der Kapp. 11. 12 von dem unmittelbar vorhergehenden Abschnitt 8, 27—10, 45 bemerkenswert. Die trübe Stimmung, die Jesus auf dem Wege nach Jerusalem beherrscht, steigert sich in Jerusalem selber nicht, sondern legt sich und macht einer zuversichtlichen und unternehmenden Platz. Er fühlt sich getragen von dem Enthusiasmus der Menge. Der nahe und gewisse Tod erfüllt nicht sein Herz und seine Rede; es findet sich nur einmal eine Todesweissagung und zwar in der dem alten Zusammenhang fremden und widersprechenden Parabel von den Weingärtnern, auch da nur implicite. Der Konflikt mit den Erzpriestern spinnt sich zwar durch die Tempelreinigung an, aber Jesus vermeidet es, ihn zu verschärfen, und benimmt sich klug und vorsichtig gegen seine Widersacher, ohne doch sich etwas zu vergeben und zurückzuweichen. Von der Notwendigkeit des Kreuzes nicht bloß für ihn selber, sondern auch für seine Jünger, von der Nachfolge in den Tod und der vollkommenen Absage an die Welt im Hinblick auf das nahe Reich Gottes, hören wir kein Wort; die äußerlich ähnlichen Stücke § 63 und § 51 sind innerlich ganz unähnlich. Diese tiefgreifenden Unterschiede erklären sich schwerlich daraus, daß Jesus im Kap. 11. 12 nicht mehr wie in 8, 27—10, 45 geheimnisvoll zu seinen Jüngern redet, sondern offen vor allem Volk. Und warum redet er in Jerusalem nicht mehr zu seinen Jüngern, außer in der sicher nicht von ihm herrührenden Apokalypse Kap. 13 und am letzten Tage? Er hätte doch am Abend und des Nachts in Bethania Gelegenheit genug gehabt, mit ihnen über sich selbst, über die Bedeutung seines Leidens und Sterbens zu sprechen — es wird aber nichts darüber berichtet. Anders Joa 14—17.

§ 67. 13, 1. 2 (Mt 24, 1. 2. Lc 21, 5. 6).

Und als er weg ging aus dem Tempel, sagte einer seiner Jünger zu ihm: Meister, sieh, was für Steine und was für Bauten! ² Und Jesus sagte: seht ihr diese gewaltigen Bauten? es wird hier kein Stein auf dem anderen bleiben, der nicht abgebrochen werde.

Endlich geht der dritte Tag zu Ende, in dem fast alles untergebracht und verkettet ist, was überhaupt von Jesu öffentlichem Auftreten in Jerusalem berichtet wird. Bei der Heimkehr nach Bethania läßt er sich aus über das Geschick, das Jerusalem droht — nicht über das imminente, das ihm selber droht. Er soll das nur seinen Jüngern gegenüber getan haben. Aber das scheint eine Abschwächung zu sein; nach § 79 sind doch auch andere Zeugen zugegen gewesen, auf deren Aussage seine Verurteilung durch das Synedrium erfolgte. Er hat mit der Weissagung der Zerstörung des Tempels seinen Feinden das Messer in die Hand gegeben. Den richtigen Juden galt eine solche Weissagung noch immer als Blasphemie, wie zur Zeit Michas und Jeremias. Denn noch immer bedeutete der Tempel die Gegenwart der Gottheit. Bevor die Römer ihn zerstören konnten, war das Numen ausgewandert mit dem Ruf: heben wir uns von dannen — wie Josephus (Bellum 6, 299) erzählt, frei nach Ezechiel. Noch in Apoc 11, 2 gilt der eigentliche Tempel selbst als unantastbar und nur der äußere Vorhof wird den Heiden preisgegeben.

§ 68a. 13, 3. 4 (Mt 24, 3. Lc 21, 7).

Und da er auf dem Ölberg saß, gegenüber dem Tempel, fragten ihn Petrus und Jakobus und Johannes und Andreas besonders: ⁴ sag uns, wann wird das geschehen? und was ist das Zeichen (der Zeit), wann das alles zu Ende kommen soll?

§ 67 steht für sich; § 68 ist erst später hinzugefügt und widerspricht in Wahrheit dem Inhalt von § 67: denn der Tempel wird
hier wohl entweiht, aber n i c h t zerstört. Wenn § 67 unzweifelhaft
authentisch ist, so ist § 68 nicht authentisch; die einzige richtig eschatologische Rede im Mc ist nicht aus Jesu Munde hervorgegangen. Sie
ist auch nichts weniger als originell, wie man längst erkannt hat,
sondern enthält das wesentlich auf Daniel aufgebaute Schema der
jüdischen Eschatologie. Von dem jüdischen Schema, das man noch
ziemlich sicher ausscheiden kann, heben sich die späteren christlichen
Zutaten ab. Nicht jüdisch ist aber auch die Anrede mit Ihr, wodurch
die S c h a u in einfache L e h r e verwandelt und aller apokalyptische
Firlefanz abgestreift wird. Denn zur Form der richtigen jüdischen
Apokalypsen gehört es, daß der Seher selbst, der die Offenbarung
empfängt, angeredet wird, sei es von Gott, sei es von einem Engel
Gottes, oder daß er im Ich erzählt, was er hat schauen und hören
dürfen.

13, 3. Auch die Situation ändert sich hier gegen 13, 1 und nur
die Intimen dürfen zuhören. Zu ihnen gehört hier wiederum auch
Andreas, der jedoch nicht neben Petrus, sondern am Ende der Reihe
genannt wird. Bei Lukas findet sich der Einschnitt nicht, er hat die
Drohung auf dem Ölberge an einer früheren und eigentlich passen-
deren Stelle gegeben, wo Jesus zum ersten mal von da auf Jerusalem
herabsieht.

13, 4. Das Thema wird angegeben durch die Frage nach d e m
Z e i c h e n der Endzeit (13, 29. 30). Dieselbe wird beantwortet in
drei Stufen: 1. die ἀρχὴ ὠδίνων ist noch nicht das Zeichen der Endzeit,
2. das Zeichen des A n f a n g s der Endzeit ist die Erscheinung des
entsetzenden Greuels, 3. das Zeichen d e s E n d e s der Endzeit,
des Eintretens der glücklichen Krisis, ist die Erscheinung des Menschen-
sohnes. Zuletzt kommt noch ein Anhang, der außerhalb des Schemas
liegt.

§ 68 b. 13, 5—13 (Mt 24, 4—14. Lc 21, 8—16).

Da begann Jesus ihnen zu sagen: Habt acht, daß euch
niemand irre führe. ⁶ Viele werden kommen in meinem Namen
und sagen: ich bins! und werden viele verführen. ⁷ H ö r t i h r
n u n v o n K r i e g e n u n d K r i e g s g e r ü c h t e n , s o
l a ß t e u c h n i c h t a u f r e g e n ; e s m u ß s o k o m m e n ,

aber es ist noch nicht das Ende. [8] Denn ein
Volk wird sich erheben wider das andere und
ein Reich wider das andere, Erdbeben werden hie und da sein, Hungersnöte werden
sein: das ist nur der Anfang der Wehen. [9] Ihr
aber, seht euch selber vor! Ihr werdet den Gerichten übergeben
und in den Versammlungen gegeißelt und vor Landpfleger und
Könige gestellt werden, um ihnen Zeugnis abzulegen [10] Und
es muß zuvor bei allen Völkern das Evangelium verkündet werden.
[11] Wenn ihr nun abgeführt und überantwortet werdet, so sorget
nicht voraus, was ihr reden sollt; sondern was euch im Augenblick
eingegeben wird, das redet. Denn nicht ihr seid es, die da reden,
sondern der heilige Geist. [12] Und ein Bruder wird
den anderen überliefern zum Tode und ein
Vater den Sohn, und Kinder erheben sich
gegen ihre Eltern und töten sie. [13] Und ihr
werdet von allen gehaßt sein, um meines Namens willen. Wer
aber stand hält bis ans Ende, der wird gerettet werden.

13, 6 greift dem Vers 13, 21 vor und antwortet nicht auf die
Frage 13, 4; denn diese lautet bei Mc nicht: wann wirst du erscheinen?
Christliche Pseudopropheten hat es gegeben, christliche Pseudochristi
aber schwerlich. „Sie kommen in meinem Namen" (d. h.
sie sind Christen) widerspricht dem, daß sie sagen, sie seien selber der
Messias. Das anstößige ἐπὶ τῷ ὀνόματί μου wird aber auch durch
Matthäus und Lukas bezeugt.

13, 7. 8. Ὅταν schlägt zurück auf das ὅταν 13, 4. Ebenso 13, 14,
wo aber nicht ἀκούσητε, sondern ἴδητε folgt. Die nächste Antwort
auf die Frage Wann ist: noch nicht. Vermutlich haben die hier
beschriebenen Wehen, aus denen der Messias geboren wird, schon
angefangen; der apokalyptische Schriftsteller pflegt von der Gegenwart auszugehn und von dem Standpunkt der Gegenwart weiter zu
schauen in die Zukunft. Mit den beiden Versen 13, 7. 8 beginnt
das jüdische Schema; was dazu gehört, ist in diesem Absatz meiner
Übersetzung durch Sperrdruck hervorgehoben.

13, 9. 10. Βλέπετε wird bei Mt 10, 17 erklärt: hütet euch vor
den Menschen. In Hinblick auf 13, 5. 23. 33 kann man zweifeln,
ob diese Erklärung richtig ist. Die συναγωγαί sind die jüdischen Ge-
richtsversammlungen, die Könige sind die Antipatriden, besonders

Agrippa I, die ἡγεμόνες die römischen Landpfleger von Judäa und
Samaria. Diese Instanzen führen nicht über Palästina hinaus. In
13, 10 scheint das freilich vorausgesetzt zu werden, wenn Verbindung
mit dem Vorhergehenden besteht. Aber vielleicht besteht keine. Εἰς
μαρτύριον αὐτοῖς kommt in verschiedenem Sinne vor, die Auffassung
muß sich nach dem jeweiligen Zusammenhange richten. Hier heißt
es offenbar: als Märtyrer, als Zeugen des Evangeliums vor ihnen.
    13, 11. An dieser Stelle ragt das c h r i s t l i c h e Pneuma in
das Evangelium Marci hinein.
    13, 12. Dieser Zug ist seit Micha 7 ein Gemeinplatz der jüdischen
Apokalyptik in der Beschreibung der Wehen des Messias. Hier scheint
er nach 13, 13 so verstanden werden zu sollen, daß die Christen von
ihren eigenen Angehörigen gehaßt und verstoßen werden. Das ist
aber nicht ursprünglich mit der allgemeinen Auflösung der Familien-
bande gemeint.
    13, 13. Für σωθήσεται heißt es in dem parallelen Spruch
der Apokalypse Johannis: er wird den Kranz d e s L e b e n s
empfangen.

§ 68c.   13, 14—23 (Mt 24, 15—28. Lc 21, 20—24).

    Wenn ihr aber den Greuel des Entsetzens seht, an einer Stelle
wo er nicht stehn darf [der Leser gebe acht!], dann mögen die
Leute in Judäa in die Berge fliehen, [15] und wer auf dem Dache
ist, der steige nicht hinab und gehe ins Haus, um etwas daraus
zu holen, [16] und wer auf dem Felde ist, kehre nicht zurück, um
seinen Mantel zu holen. [17] Wehe aber den Schwangeren und den
säugenden Müttern in jenen Tagen! [18] Und bittet, daß es nicht
im Winter geschehe. [19] Denn es werden jene Tage eine Zeit der
Drangsal sein, wie sie nicht gewesen ist von Anfang der Schöpfung
an bis jetzt und auch nicht sein wird. [20] Und wenn der Herr die
Tage nicht verkürzte, so bliebe kein Fleisch am Leben — doch
wegen der Erwählten, die er erwählt hat, verkürzt er die Tage.
[21] Und wenn euch dann jemand sagt: hier ist der Christus, dort
ist er! so glaubt es nicht, [22] denn es werden falsche Christi und
falsche Propheten auftreten und Zeichen und Wunder tun, so daß
sie wo möglich auch die Auserwählten verführen. [23] Ihr aber habt
acht, ich habe euch alles vorausgesagt.

Jetzt tritt das erste danielische Zeichen des Endes ein. Das Ende
ist kein Moment, sondern eine Periode (13, 20); am Anfang und am
Schluß der letzten betrübten Zeit steht je ein Zeichen. Das Anfangszeichen ist der Greuel d e s E n t s e t z e n s , die griechische Übersetzung ἐρημώσεως führt völlig irre und trifft weder den Sinn des
Daniel, noch den des Evangeliums. Dieser Greuel ist nichts Bestimmtes,
Historisches, sondern etwas Mysteriöses und Zukünftiges — denn mit
13, 14 ss. tritt richtige Weissagung ein, während vorher von schon
Gegenwärtigem (Christenverfolgungen) die Rede ist. Der Autor denkt
an eine Profanation des Tempels, ohne sich deren Art und Weise
näher vorzustellen. Er hat überall Jerusalem als Scene der letzten
Katastrophe vor Augen. Dieselbe endet bei ihm trotz allem nicht
mit der Vernichtung. Nach der schwersten Drangsal und Entweihung
wird Jerusalem und der Tempel schließlich gerettet und die Diaspora
dorthin übergeführt, in das Reich des Messias. Alles ist rein jüdisch,
mit Ausnahme von 13, 23.

13, 14. Die Aufforderung d e r L e s e r g e b e a c h t soll
nach Weizsäcker (Apost. Zeitalter 1892 p. 362) ein Avis für den Ge-
meindevorleser sein, daß er die Sache den Hörern erkläre. Im Prolog
zum Buch Sirach ist ὁ ἀναγινώσκων der Schriftgelehrte. — Die Aufforderung zur Flucht richtet sich nicht an die Jerusalemer — was
man meist übersieht —, sondern an die Bewohner der jüdischen Land-
schaft; sie sollen aber vor den Feinden nicht in die feste Hauptstadt
fliehen, wo sie vom Regen in die Traufe kämen, sondern sich in den
Bergen verstecken. Judäa umfaßt hier weder Jerusalem mit, noch
auch (wie öfters bei Lukas) Galiläa. Das ist bemerkenswert, ein Galiläer würde auch an sein Heimatland gedacht haben.

13, 15. 16. Weil die Flucht solche Eile hat, soll man vom Dach
nicht erst noch zurückgehn in das Haus. Die Stiege war, wenigstens
in den Dörfern und kleinen Städten, außen angebracht und führte
auf die Straße. Auf dem Felde arbeitet man im Rock und läßt den
Mantel daheim. Klar ist, daß hier von einem ganzen Volke und zwar
von den Juden auf dem Lande die Rede ist, nicht von den paar
Christen in Jerusalem und ihrer Flucht nach Pella.

13, 17 gilt nicht mehr bloß vom Lande, sondern auch und vornehmlich von Jerusalem, zu dem hier der Übergang stillschweigend
erfolgt, weil die Hauptstadt selbstverständlich im Mittelpunkt der
Gedanken steht.

13, 18. Als Subjekt zu γένηται kann natürlich nicht d i e F l u c h t
ergänzt werden; wenn das Subjekt nicht genannt wird, so kann es
nur das Ganze sein, wovon hier die Rede ist, nämlich die Kriegsnot.
Daß diese sich über mehrere Jahre erstreckt, wird nicht vorausge-
sehen; ein vaticinium ex eventu liegt also nicht vor.

13, 20. Wie aus Daniel bekannt, sind für alles bestimmte Fristen
von Gott vorgesehen; so auch für die Dauer der letzten betrübten
Zeit. Bei Daniel ist sie auf viertehalb Jahr angegeben. Gott kann
aber die Frist verkürzen, und er tut es in Rücksicht auf die unschuldig
Mitleidenden, die doch gerettet werden sollen. Die Auserwählten sind
identisch mit dem prophetischen Rest, um ihret willen geht Jerusalem
nicht unter, durch sie wird es fortgesetzt. Σώζεσθαι hat den Neben-
begriff des Entrinnens (10, 26). K e i n F l e i s c h bedeutet n i e -
m a n d und wird durch den Zusammenhang beschränkt auf die
Juden oder die Jerusalemer. Das Präteritum ἐκολόβωσεν statt des
Futurums erklärt sich daraus, daß Gott den Beschluß schon gefaßt
hat — die Juden pflegen so zu denken und sich auszudrücken.

13, 21. 22. Die Drangsal dauert ihre Zeit, ihre Beendigung
durch den Messias tritt nicht so bald ein, wie man wünscht. Man
muß auf seine Offenbarung v o m H i m m e l warten und sich durch
die irdischen Christi und ihre Propheten nicht täuschen lassen, die
der dringenden Nachfrage entsprechend sich anbieten. Das Auftreten solcher Leute unter den Juden ist bezeichnend für die Zeit
der Empörung gegen die römische Herrschaft.

13, 23. Dieser Schluß ist christlich, alles übrige aber jüdisch —
man hat kaum Grund, 13, 21. 22 auszunehmen. Wir haben wirkliche Weissagung vor uns, die Zeit der Abfassung liegt deutlich v o r
der Zerstörung Jerusalems.

§ 68 d. 13, 24—27 (Mt 24, 29—31. Lc 21, 25—28).

Aber in den selben Tagen [nach der Drangsal] wird die Sonne
sich verfinstern und der Mond seinen Schein nicht geben. [25] Und
die Sterne werden vom Himmel fallen und die Himmelsmächte
in Schwanken geraten. [26] Und dann sieht man den Menschensohn kommen in den Wolken mit großer Macht und Herrlichkeit.
[27] Und dann sendet er die Engel aus und sammelt die Auserwählten
aus den vier Winden, vom Ende des Landes an bis zu dem Ende
des Himmels.

13, 24. 25. Ἀλλά betont den Umschlag, die Wendung. Der
Himmel greift ein in den irdischen Jammer, h i m m l i s c h e Zeichen
künden die Krisis an, zuletzt der Menschensohn in den Wolken. Das
μετὰ τὴν θλίψιν klappt bei Mc nach und ist vielleicht aus Matthäus
entlehnt.

13, 26. Die Erscheinung des Menschensohns entspricht als
himmlisches Schlußzeichen der letzten betrübten Zeit dem irdischen
Anfangszeichen, dem Greuel des Entsetzens; genau so wie bei Daniel.
Beides zusammen, jedes an seinem Teile, gibt Antwort auf die Frage
13, 4 nach dem σημεῖον. Matthäus (24, 30) sagt: καὶ τότε φανήσεται τὸ
σημεῖον τοῦ υἱοῦ τ. α. Das wäre richtig, wenn er meinte: das Zeichen,
welches in dem Menschensohn besteht — aber er meint etwas anderes.
Ursprünglich ist mit dem Menschensohn hier so wenig wie bei Daniel
Jesus Christus gemeint. Aber der Überarbeiter hat ihn gewiß darunter
verstanden; man steht hier auf dem Übergang zur Christianisierung
des danielischen Namens und seiner Umstempelung zu einer Art
Eigennamen für Jesus, zunächst für den Jesus der Parusie. — Das
ὄψονται wird von Matthäus mit Recht pro passivo genommen und mit
φανήσεται wiedergegeben. Nach 13, 7. 14. 21 befremdet freilich die
dritte Person Pl; die zweite fällt aber in dem ganzen Abschnitt
13, 24—27 weg.

13, 27. Die Diaspora kommt zu dem geretteten Reste in Sion
hinzu, wie schon bei den nachexilischen Propheten; nur daß sie dort
nicht von den Engeln zusammengebracht wird. Zu ἀπ᾽ ἄκρου γῆς
ἕως ἄκρου οὐρανοῦ führt Hugo Grotius aus Philo de Caino an:
ἀπ᾽ οὐρανοῦ ἐσχάτων μέχρι γῆς ἐσχάτων. — Dieser ganze Absatz
(13, 24—27) ist jüdisch.

§ 68 e. 13, 28–37 (Mt 24, 32–36. Lc 21, 29–36).

Vom Feigenbaum nehmt das Zeichen ab: wenn sein Zweig
saftig wird und die Blätter herauskommen, so erkennt, daß die
Erntezeit nah ist. [²⁹ So auch ihr, wenn ihr dies geschehen seht,
so merkt, daß sie nahe vor der Tür ist.] ³⁰ Amen, ich sage euch,
dies Geschlecht wird nicht vergehn, bis dies alles geschieht. ³¹ Himmel und Erde werden vergehn, aber meine Worte werden nicht
vergehn. ³² Über den Tag und die Stunde jedoch weiß niemand
Bescheid, auch die Engel im Himmel nicht noch der Sohn, sondern

nur der Vater. [33] Habt acht, bleibt wach; denn ihr wißt nicht, wann die Zeit ist. [34] Es ist wie wenn ein Mensch, der auf Reisen geht, sein Haus abgibt und seine Knechte walten läßt, jedem sein Geschäft übergebend, und dem Türhüter aufträgt zu wachen. [35] Also wacht, denn ihr wißt nicht, wann der Herr des Hauses kommt, ob am Abend oder zu Mitternacht oder um den Hahnenschrei oder um Tagesanbruch — [36] damit er nicht plötzlich komme und euch schlafend finde. [37] Was ich aber euch sage, das sage ich Allen: wacht!

Was in 13, 14—27 steht, soll freilich das Ende selbst sein. Aber die Erfahrung hatte inzwischen gelehrt, daß die Zerstörung Jerusalems, welche dort gemeint ist, in Wirklichkeit doch noch nicht das Ende war. Also wurde sie, auf vorgerücktterem Standpunkte, zu einem bloßen Vorzeichen des Endes gemacht — wie noch durchgehender bei Lukas. Dergleichen Prolongationen des Wechsels sind charakteristisch für die Apokalyptik.

13, 28. 29. Daß der Saft in die Bäume geht, ist kein Zeichen für die Nähe des θέρος; und geht etwa der Saft nur in den Feigenbaum? Es ist nicht von einem allgemeinen und sich jährlich wiederholenden Vorgang die Rede, sondern von einem einmaligen und außernatürlichen, an einem ganz besonderen Feigenbaum. Meine vage Vermutung, daß hier der Feigenbaum von § 56 im Spiel sei, ist von Eduard Schwartz (ZNW 1904 p. 80—84) sehr ansprechend durchgeführt. Es muß einen verdorrten Feigenbaum bei Jerusalem gegeben haben, der nach dem Volksglauben wieder ausschlagen sollte, wenn τὸ θέρος vor der Tür stehe, d. h. die Ernte, das Bild für die messianische Endzeit. Von da aus fällt nun auch wieder Licht auf den Ursprung der jetzt recht unbegreiflichen Erzählung in § 56. Ursprünglich wird Jesus nicht den grünen Feigenbaum durch seinen Fluch dürre gemacht haben, sondern von dem verdorrten gesagt haben, er werde nicht, wie die Juden meinten, wieder aufleben, sondern immer dürre bleiben, d. h. die Hoffnung auf die Wiederherstellung Sions im alten Glanze werde sich nie erfüllen. In 11, 18 weist er also die jüdische Hoffnung zurück, in 13, 28 übernimmt er sie.

Wenn nun der Vers 28, entgegen der Meinung von 29, gar kein Gleichnis enthält, so kann der Imperativ γινώσκετε bleiben und braucht nicht wegen des folgenden οὕτως καὶ ὑμεῖς in γινώσκεται verwandelt zu werden. Der Vers 29 ist ein Nachtrag, worin ein wunderbarer zukünftiger Vorgang als alltäglicher misverstanden und ein ungeschickt ausgedrücktes Idem per idem zuwege gebracht wird. Für τὴν παραβολήν im Eingang von 28 ist τὸ σημεῖον zu erwarten.

13, 30. Ταῦτα bedeutet hier die Parusie selber, nicht, wie in 29, etwas ihr Vorausgehendes. Also kann kein Zusammenhang mit 29 bestehn, wohl aber mit 28. Dann würde der Eindruck nicht trügen, daß der Spruch noch aus der Zeit vor der Zerstörung Jerusalems stammt. Denn der Vers 28 setzt voraus, daß man noch in Jerusalem wohnt und den Feigenbaum daselbst beobachten kann.

13, 31. 32 kann nicht mit 13, 30 zusammen in Einem Atem gesprochen oder in Einem Zuge geschrieben sein. Denn während nach 30 die Parusie in Bälde zu hoffen ist, wird sie durch 31 und 32 überflüssig gemacht oder auf die lange Bank geschoben. In 31 heißt es: entbehrt man gleich die Person Jesu, so hat man doch seine Worte, die in Ewigkeit nicht schwinden werden — also auf seinen Worten (wie anderswo auf seinem Geist oder auf seiner Immanenz in der Gemeinde vom Himmel aus) beruht seine bleibende Wirkung. In 32 wird zwar die Parusie festgehalten, aber die Hoffnung darauf zurückgedrängt und die eschatologische Weissagung ihrer Aktualität beraubt. Der Vers 31 fehlt bei Matthäus (24, 35) im Sinaiticus. Der Vers 32 fehlt bei Lukas und macht sich verdächtig durch die Ausdrücke d e r V a t e r u n d d e r S o h n, die dem Mc übel zu Gesichte stehn. — Als Vorspiel zum vierten Evangelium, namentlich zu Joa 14—17, ist Mc 13, 31. 32 von Wichtigkeit.

13, 34. Häufig beginnt ὡς im Semitischen einen Hauptsatz und bedeutet: e s i s t wie wenn.

13, 35. Merkwürdig, daß alle vier Stunden der Nacht hier aufgezählt werden, mit ihren volkstümlichen Namen, nicht mit Zahlen.

13, 37. Die Rede richtet sich nach 13,3 eigentlich nur an die vier Intimen, soll aber nicht allein für sie bestimmt sein, sondern für alle Christen, auch die der späteren Generation, für welche der Verfasser in Wahrheit schreibt.

Der Anhang 13, 28—37 ist rein christlich und setzt im Ganzen die Zerstörung Jerusalems voraus, die Jünger warten nicht mehr dort auf die Erscheinung des Herrn (Göttinger Nachrichten 1907 p. 2). Indessen müssen Vers 28 und 30 ausgehoben werden.

§ 69.   14, 1. 2 (Mt 26, 1–5. Lc 22, 1. 2).

Es war aber das Fest des Pascha und des ungesäuerten
Brodes über zwei Tage. Und die Erzpriester und Schriftgelehrten
sannen, wie sie ihn mit List fassen könnten und töten, ² denn
sie sagten: nicht am Feste, daß kein Auflauf des Volkes entstehe.
Neander (Leben Jesu p. 570) hat richtig erkannt, daß die hier vor-
liegende Zeitrechnung der gewöhnlichen synoptischen widerspreche, und
richtig geurteilt, daß sie die alte sei; vgl. meine Note zu Joa 19, 31 ss.
und Strauß 2, 414.   Die Absicht des Synedriums ist, Jesum noch
vor dem Feste aus der Welt zu schaffen, nicht erst nach dem Feste,
wie in dem Fall Act 12, 4.   Sie wird nicht bloß gefaßt, sondern auch aus-
geführt sein, da das Gegenteil nicht berichtet wird; wahrscheinlich
ist sie sogar erst aus der Ausführung gefolgert.   Also ist Jesus v o r
d e m Pascha gekreuzigt, und da dies am nächsten Tage, am Freitag,
geschieht, das Pascha aber über zwei Tage eintreten soll, so fällt
das Pascha auf den Sonnabend.   Das letzte Abendmahl war nicht das
Paschamahl, vgl. zu § 73.   Sachliche Gründe sprechen das letzte
Wort; sie schließen es völlig aus, daß die Sitzung des Synedriums
und die Verurteilung in der Paschanacht stattfand und die Hinrichtung
am ersten Festtage erfolgte. — Pascha und Azyma werden bei Mc
korrekt zusammengestellt, das Pascha ist der Anfang der Azyma.
Lukas verändert den Text von Mc 14, 1. 2 aus durchsichtigen Gründen,
ebenso der Cantabr. und die Latina den Text von Mc 14, 2.

§ 70.   14, 3–9 (Mt 26, 6–13).

Und da er in Bethania war, im Hause Simons des Aussätzigen,
und zu Tisch saß, kam ein Weib mit einem Glas kostbaren Balsams; und sie zerbrach das Glas und goß es über sein Haupt.
⁴ Etliche aber äußerten unter einander ihren Unwillen darüber:
wozu diese Vergeudung des Balsams! ⁵ dieser Balsam hätte für
mehr als dreihundert Silberlinge verkauft und (der Erlös) den
Armen gegeben werden können! Und sie fuhren sie an. ⁶ Jesus
aber sprach: Laßt sie, was verstört ihr sie! sie hat ein gutes Werk
an mir getan. ⁷ Denn allzeit habt ihr die Armen bei euch, und
wann ihr wollt, könnt ihr ihnen wohltun, mich aber habt ihr nicht
allzeit. ⁸ Was sie vermochte, hat sie getan, sie hat zum voraus

meinen Leib balsamiert zum Begräbnis. ⁹ Amen ich sage euch:
überall wo das Evangelium verkündet wird in der ganzen Welt,
wird auch was sie getan hat gesagt werden zu ihrem Gedächtnis.

14, 3. Jesus hält sich nicht mehr tags über in Jerusalem auf,
sondern bleibt am Ölberge, in Bethania. Simon der Aussätzige wird
uns so wenig vorgestellt, wie Joseph von Arimathia. Mit der Zeit
kommen noch mehr Bekannte in Bethania zum Vorschein, namentlich
im vierten Evangelium.

14, 4. Das Subjekt sind bei Matthäus und im Cantabr. die
Jünger, dem Sinne nach jedenfalls (wegen 14, 7) richtig.

14, 8. Maria Magdalena wird hier nicht genannt; in 16, 1 will
sie vielmehr die wirkliche Einbalsamierung an dem Toten vollziehen.

14, 9. Das Evangelium ist hier wie immer (außer 1, 14) die
Verkündigung der Apostel über Jesus, besonders über sein Leiden
Sterben und Auferstehn; es wird verkündigt w e r d e n , aber münd-
lich (λαληθήσεται), nicht schriftlich. Unsere Geschichte ist wahrlich
wert, im Evangelium zu stehn. Aber die Jesus selber in den Mund
gelegte, höchst feierliche Versicherung, daß auch sie dazu gehöre,
erweckt doch den Argwohn, daß das nicht immer der Fall gewesen
ist — zum Gedächtnis der Frau hätte doch vor allem ihr Name gehört,
der verschwiegen wird. Auf späteres Alter der Perikope weist auch
der Umstand hin, daß Jesus hier nicht etwa seinen Tod ankündet,
sondern sein Begräbnis voraussetzt und daß niemand sich darüber
verwundert. Also ist § 70 eine Einlage. Man bemerke, daß Bethania
auch 11, 11 in einem sekundären Stück erscheint, während in der
Parallele 11, 19 der Ort außerhalb Jerusalems nicht genannt wird,
wo Jesus sein Nachtquartier hatte.

§ 71. 14, 10–11 (Mt 26, 14–16. Lc 22, 3–6).

Und Judas Ischariot, einer von den Zwölfen, begab sich
zu den Erzpriestern, um ihn an sie verraten. ¹¹ Sie aber freuten
sich und versprachen ihm Geld zu geben. Und er suchte eine
Gelegenheit, wie er ihn verraten könnte.

Daß § 71 sachlich an § 69 anschließt, ist klar. Über das Motiv
des Verräters erfahren wir nicht das Geringste. Das ist bezeichnend
für die evangelische Erzählung; man sieht, wie wenig man daraus
einen historischen Zusammenhang herstellen kann, wenn man nicht

dichten will. Nach Joa 18, 2 verriet Judas den Ort, wo der Meister nachts sich aufhielt. Unter dem Volke in Jerusalem wagten die Erzpriester ihn doch nicht zu verhaften (14, 48. 49), obwohl sie es inzwischen bearbeiteten. Der Verräter heißt mit Vorliebe εἷς τῶν δώδεκα, an unserer Stelle im Vaticanus sogar ὁ εἷς τ. δ., als wäre das sein Titel.

§ 72. 14, 12—16 (Mt 16, 17—19. Lc 22, 7—13).

Und am ersten der Tage der ungesäuerten Brote, wo man das Pascha zu schlachten pflegte, sagten ihm seine Jünger: wo sollen wir hingehn und dir das Paschamahl anrichten? [13] Und er sandte zwei seiner Jünger und sagte ihnen: Geht in die Stadt, und es wird euch ein Mann begegnen, der einen Wasserkrug trägt, dem folgt, [14] und wo er eintritt, da sprecht zu dem Hauswirt: der Meister läßt dir sagen: wo ist die Unterkunft für mich, da ich das Pascha esse mit meinen Jüngern? [15] Und er wird euch ein großes Oberzimmer weisen, mit Decken überspreitet, das bereit steht; da richtet uns das Mahl an. [16] Und die Jünger gingen weg und kamen in die Stadt und fanden es so, wie er ihnen gesagt hatte, und richteten das Pascha zu.

In 14, 1 standen wir noch zwei Tage vor Ostern und in 14, 12 stehn wir schon am ersten Ostertag. Die Pause von zwei Tagen fügt sich zwar in die sechs Tage der Passion: drei Tage (Sonntag bis Dienstag) kommen auf Kap. 11—13, zwei (Mittwoch und Donnerstag) auf 14, 1—11, und nun ist es 14, 12 der sechste Tag, der Freitag, dessen Beginn hier schon auf Donnerstag Abend gesetzt wird. Daß jedoch die alte Überlieferung hier einen leeren Raum sollte eingeschoben haben, um ein Wochenschema herauszubringen, läßt sich nicht annehmen. Denn die zwei Tage wären wirklich ganz unausgefüllt; Jesus selber tut gar nichts in 14, 1—11, wenn man von § 70 absieht, mit dem es, wie wir gesehen haben, eine besondere Bewandtnis hat. In Wahrheit ist kein Zeitunterschied zwischen § 69 und dem Reste des Kapitels; schon dort ist der vorletzte Tag angegangen, der Donnerstag vor der Kreuzigung. Aber dieser Donnerstag ist nicht der Vorabend des Pascha, Pascha ist erst übermorgen. Die Angabe 14, 12 widerspricht der älteren in 14, 2. Und nicht allein die Zeitangabe in § 72 ist unhistorisch, sondern auch der Inhalt des ganzen Stücks. Der Saal wird hier genau in der selben Weise beschafft,

wie der Esel für Palmarum. Jesus schickt zwei seiner Jünger ab und
sagt, die Bahn sei ihnen geebnet. Er hat auch hier nicht alles heim-
lich bestellt und verabredet, sondern er weiß voraus, was sich ereignen
und·wie die Menschen sich benehmen werden, weil es von Gott für
die wichtige Feier so geordnet ist. Der Wasserträger steht nicht auf
Posten und sieht nach der Uhr, sondern er geht ahnungslos seines
Weges und bemerkt die Boten kaum, welche seinen Spuren folgen.
Also ist die ganze Erzählung ein Wunder.

§ 73. 14, 17–21 (Mt 26, 20–25. Lc 22, 21. 22).

Und am Abend kam er mit den Zwölfen. ¹⁸ Und da sie zu
Tisch saßen und aßen, sagte Jesus: Amen ich sage euch, einer
von euch wird mich verraten, der mit mir ißt. ¹⁹ Sie wurden
betrübt und sagten einer nach dem andern: doch nicht ich?
²⁰ Er sprach: Einer der Zwölf, der mit mir in die Schüssel taucht.
²¹ Der Menschensohn geht zwar dahin, wie von ihm geschrieben
steht; doch wehe dem Manne, durch welchen der Menschensohn
verraten wird! es wäre jenem Manne besser, wenn er nicht geboren wäre.

Wegen des engen Zusammenhangs mit § 72 kann εἰς Ἱεροσόλυμα
bei ἔρχεται fehlen. Während Jesus sonst den Tag über in Jerusalem
ist, kommt er diesmal erst am Abend hin. Wegen des Abendmahls
war das nicht nötig, nur wegen des Pascha. Das Pascha wird auch
durch die Schüssel mit der Tunke (14, 20) vorausgesetzt. Aber das Pascha
§ 73 ist nicht der erste Gang des Abendmahls § 74; das ἀνακειμένων
αὐτῶν καὶ ἐσθιόντων 14, 18 wird nicht fortgesetzt durch καὶ ἐσθιόντων
αὐτῶν 14, 22, sondern drängt sich damit; der Segen (14, 22) gehört
nicht in die Mitte, sondern an den Anfang. Außerdem nimmt Jesus
beim Abendmahl gesäuertes Brot (ἄρτος) und nicht, wie es beim Pascha
hätte geschehen müssen, ungesäuertes; vgl. ZNW 1908 p. 182.
Also gehn § 73 und 72 nicht mit § 74 zusammen und gehören
nicht zum Urbestande des Mc. Nicht bloß wegen des Pascha, sondern
auch wegen des Verräters, der das Hauptinteresse von § 73 bildet.
Es ist unerträglich, daß dieser am Abendmahl teilnimmt. Denn es
heißt 14, 23: sie tranken alle daraus.
„Der mit mir ißt oder in die Schüssel taucht" bedeutet „einer
meiner Tischgenossen"; vgl. Weiße 1, 602. Der Ausdruck ὑπάγει

(Apoc 17, 8) bedeutet ἀπάγεται oder παραδίδοται. Er wird im vierten
Evangelium öfters wiederholt, in der Form: ἐγὼ ὑπάγω.

§ 74.   14, 22–25 (Mt 26, 26–29. Lc 22, 14–20).

Und da sie aßen, nahm er Brot, sprach den Segen und brach
es und gab es ihnen und sagte: nehmt, das ist mein Leib. [23] Und
er nahm einen Kelch, sprach den Dank und reichte ihn ihnen,
und sie tranken alle daraus. [24] Und er sprach: Das ist mein Blut
des Bundes, das für viele vergossen wird. [25] Amen ich sage euch,
ich werde nicht mehr von dem Gewächs des Weinstocks trinken,
bis zu dem Tage, wo ich es neu trinke im Reiche Gottes.

Mc 14, 22—25. Καὶ ἐσθιόντων αὐτῶν λαβὼν ἄρτον εὐλογήσας
ἔκλασεν καὶ ἔδωκεν αὐτοῖς καὶ εἶπεν· λάβετε· τοῦτό ἐστιν τὸ σῶμά μου.
[23] καὶ λαβὼν ποτήριον εὐχαριστήσας ἔδωκεν αὐτοῖς, καὶ ἔπιον ἐξ αὐτοῦ
πάντες. [24] καὶ εἶπεν αὐτοῖς· τοῦτό ἐστιν τὸ αἷμά μου τῆς διαθήκης τὸ
ἐκχυννόμενον ὑπὲρ πολλῶν. [25] ἀμὴν λέγω ὑμῖν ὅτι οὐκέτι οὐ μὴ πίω ἐκ
τοῦ γενήματος τῆς ἀμπέλου ἕως τῆς ἡμέρας ἐκείνης ὅταν αὐτὸ πίνω καινὸν
ἐν τῇ βασιλείᾳ τοῦ θεοῦ.

Mt 26, 26—29. Ἐσθιόντων δὲ αὐτῶν λαβὼν ὁ Ἰησοῦς ἄρτον καὶ
εὐλογήσας ἔκλασεν καὶ δοὺς τοῖς μαθηταῖς εἶπεν· λάβετε φάγετε· τοῦτό
ἐστιν τὸ σῶμά μου. [27] καὶ λαβὼν ποτήριον καὶ εὐχαριστήσας ἔδωκεν
αὐτοῖς λέγων· πίετε ἐξ αὐτοῦ πάντες· [28] τοῦτο γάρ ἐστιν τὸ αἷμά μου
τῆς διαθήκης τὸ περὶ πολλῶν ἐκχυννόμενον εἰς ἄφεσιν ἁμαρτιῶν. [29] λέγω
δὲ ὑμῖν, οὐ μὴ πίω ἀπ᾽ ἄρτι ἐκ τούτου τοῦ γενήματος τῆς ἀμπέλου
ἕως τῆς ἡμέρας ἐκείνης ὅταν αὐτὸ πίνω μεθ᾽ ὑμῶν καινὸν ἐν τῇ βασιλείᾳ
τοῦ πατρός μου.

Lc 22, 14—20. Καὶ ὅτε ἐγένετο ἡ ὥρα, ἀνέπεσεν, καὶ οἱ ἀπόστολοι
σὺν αὐτῷ. [15] καὶ εἶπεν πρὸς αὐτούς· ἐπιθυμίᾳ ἐπεθύμησα τοῦτο τὸ πάσχα
φαγεῖν μεθ᾽ ὑμῶν πρὸ τοῦ με παθεῖν· [16] λέγω γὰρ ὑμῖν ὅτι οὐ μὴ φάγω
αὐτὸ ἕως ὅτου πληρωθῇ ἐν τῇ βασιλείᾳ τοῦ θεοῦ. [17] καὶ δεξάμενος
ποτήριον εὐχαριστήσας εἶπεν· λάβετε τοῦτο καὶ διαμερίσατε εἰς ἑαυτούς·
[18] λέγω γὰρ ὑμῖν οὐ μὴ πίω ἀπὸ τοῦ νῦν ἀπὸ τοῦ γενήματος τῆς ἀμπέλου
ἕως οὗ ἡ βασιλεία τοῦ θεοῦ ἔλθῃ.

[19] Καὶ λαβὼν ἄρτον εὐχαριστήσας ἔκλασεν καὶ ἔδωκεν αὐτοῖς λέγων·
τοῦτό ἐστιν τὸ σῶμά μου τὸ ὑπὲρ ὑμῶν διδόμενον· τοῦτο ποιεῖτε εἰς τὴν
ἐμὴν ἀνάμνησιν. [20] καὶ τὸ ποτήριον ὡσαύτως μετὰ τὸ δειπνῆσαι, λέγων·
τοῦτο τὸ ποτήριον ἡ καινὴ διαθήκη ἐν τῷ αἵματί μου, τὸ ὑπὲρ ὑμῶν
ἐκχυννόμενον.

1 Kor 11, 23—25. Ἐγὼ γὰρ παρέλαβον ἀπὸ τοῦ κυρίου, ὃ
καὶ παρέδωκα ὑμῖν, ὅτι ὁ κύριος Ἰησοῦς ἐν τῇ νυκτὶ ᾗ παρεδίδετο ἔλαβεν
ἄρτον, ²⁴ καὶ εὐχαριστήσας ἔκλασεν καὶ εἶπεν· τοῦτό μου ἐστὶν τὸ σῶμα
τὸ ὑπὲρ ὑμῶν· τοῦτο ποιεῖτε εἰς τὴν ἐμὴν ἀνάμνησιν· ²⁵ ὡσαύτως καὶ τὸ
ποτήριον μετὰ τὸ δειπνῆσαι, λέγων· τοῦτο τὸ ποτήριον ἡ καινὴ διαθήκη
ἐστὶν ἐν τῷ ἐμῷ αἵματι· τοῦτο ποιεῖτε ὁσάκις ἐὰν πίνητε εἰς τὴν ἐμὴν
ἀνάμνησιν.

14, 22. Wegen des Segens bezeichnet καὶ ἐσθιόντων αὐτῶν hier
den Anfang der Handlung. Auf keinen Fall bedeutet es „als sie d a s
P a s c h a gegessen hatten" oder „als sie noch beim Essen d e s -
P a s c h a waren". Paulus gibt die Nacht, in welcher der Herr verraten ward, als Datum an, nicht die Paschanacht — was doch am
nächsten gelegen hätte, wenn es zutreffend gewesen wäre. Τοῦτο
zeigt auf das Brot; Jesus selber hat das vorhergehende Masculinum
ἄρτος nicht gebraucht, sondern nur der Erzähler. Das Brechen des
Brotes ist selbstverständliche Vorbereitung zum Austeilen, nicht
Symbol für die Zerstörung des Leibes. Paulus sagt 1 Kor 10, 17:
ein Brot, ein Leib sind wir alle, denn alle haben wir teil an dem einen
und selbigen Brote. Diese antike und auch bei den Juden damals
noch lebendige Idee der sakramentalen Vereinigung durch das Essen
der selben Speise liegt zu grunde; der Leib der Teilnehmer am gemeinsamen Mahl erneuert sich aus dem selben Quell und wird der
selbe. Mit τὸ ὑπὲρ ὑμῶν, welches anders zu verstehn als Lukas (22, 19)
Weizsäcker sich unnütz anstrengt, bringt Paulus etwas Fremdes in
die Communio hinein. Die Aufforderung, zu essen und zu trinken,
ersetzt er durch das ebenso gemeinte τοῦτο ποιεῖτε und fügt hinzu:
εἰς τὴν ἐμὴν ἀνάμνησιν und ὁσάκις ἐὰν πίνητε. Letzteres setzt schon eine
Gewohnheit der Abendmahlsfeier bei der Gemeinde voraus, das konnte
Jesus nicht sagen und die Jünger nicht verstehn. Mc hat also den
älteren Text; darin steht nicht, daß der Akt zur Wiederholung bestimmt sei.

14, 23. Zwischen εὐλογεῖν und εὐχαριστεῖν besteht kein Unterschied, der Wechsel findet sich ebenso in 6, 41 und 8, 6; das gleiche
aramäische Wort liegt zu grunde. Das Segnen von Speise und Trank
war nichts besonderes, sondern jüdische Sitte.

14, 24. Das Weintrinken geschah zwar nicht bloß beim Feste,
beim Pascha, doch auch nicht alle Tage. Es wird hier besonders
hervorgehoben. Das Mahl (das Brot) genügt zur Vergemeinschaftung.

Es ist aber nur ein Schatten der alten Verbrüderung durch das Opfer. Und diese geschah nicht bloß durch das Opfermahl, sondern feierlicher durch das Opferblut, das die Beteiligten sich in der selben Weise applicierten, wie der Gottheit (d. h. dem Idol oder dem Altar), durch Benetzen oder Bestreichen. Das war eine aus Imitation des Opferritus entstandene Milderung ursprünglichen Bluttrinkens, von dem sich noch Spuren finden. Eine andere Milderung ist es, daß an stelle des Bluttrinkens das Trinken des (roten) Weines trat. Der Wein ist ein besserer Kitt als das Brot, er symbolisiert das Blut, welches mehr gilt als das Fleisch und dem Leben selbst, der eigentlichen Essenz des Heiligen und Göttlichen, gleichgesetzt wird. Darum faßt Jesus nicht Brot und Wein in eins zusammen, sondern hebt den Ton beim Weine. Διαθήκη bedeutet sonst T e s t a m e n t, entspricht aber in der Septuaginta dem hebräischen b ' r i t h und heißt darnach hier B u n d; Jesus müßte q'jâmâ dafür gesagt haben — sonst ist freilich die Übersetzung seiner Worte bei Mc nicht septuagintamäßig[1]). Der Genitiv τῆς διαθήκης (im Aramäischen wohl nur Apposition, da nach τὸ αἷμά μου kein Genitiv folgen darf) ist epexegetisch; Paulus versteht richtig: ἡ διαθήκη ἐστίν. Ob er freilich auch mit dem Attribut καινή Recht hat, läßt sich fragen. Das Paschablut hat Jesus nicht vorgeschwebt, es ist auch kein Bundesblut. Eher wäre es möglich, daß er an die Bundschließung Exod 24 (Zach 9, 11) gedacht hat, die durch Blutsprengen geschieht. Indessen dieser alte Bund wird m i t G o t t geschlossen, nicht unter den Israeliten einander, und Jesus hat jedenfalls vorzugsweise die Verbrüderung der Tischgenossen u n t e r s i c h im Auge. Er beabsichtigt also schwerlich, einen Bund zu stiften, der dem alten von Moses vermittelten parallel und entgegengesetzt wäre. Der Wein als Opferblut steigert nur die Idee der Kommunion, die schon im Mahl, im Brot, liegt. Das Opfer an sich ist durchaus nicht Sühnopfer. Merkwürdig, daß hier Mc die

---

[1]) Διαθήκη ist auch in das Aramäische übergegangen, bei den Juden ausschließlich als Testament, bei den Christen auch als Bund (zuerst in der Übersetzung des christlichen Kanons). In der alten lateinischen Bibel wird διαθήκη durchweg mit t e s t a m e n t u m wiedergegeben; Hieronymus hat das im jüdischen Kanon in f o e d u s verändert, außer in den Psalmen und Apokryphen und an einzelnen anderen Stellen. Wie es sich erklärt, daß διαθήκη Äquivalent für b ' r i t h geworden ist, läßt sich schwer ausmachen. Die hebräische b ' r i t h wird manchmal einseitig auferlegt; in dem arabischen ' a h d vereinigen sich die Begriffe Vertrag und Willenserklärung.

Bundesidee verfärbt durch den Zusatz τὸ ἐκχυννόμενον ὑπὲρ πολλῶν.
Bei Paulus fehlt er. Wenn man nun τὸ ὑπὲρ ὑμῶν hinter τὸ σῶμά μου bei
Paulus verwirft, so muß man auch τὸ ἐκχυννόμενον ὑπὲρ πολλῶν
hinter τὸ αἷμά μου bei Mc verwerfen, denn ὑπὲρ πολλῶν liegt noch weiter
ab als ὑπὲρ ὑμῶν. Damit ist auch über den weiteren Zusatz εἰς ἄφεσιν
ἁμαρτιῶν bei Matthäus das Urteil gesprochen. Trotzdem hat man
jedenfalls in τὸ αἷμά μου, wenn nicht schon in τὸ σῶμά μου, eine Bezug-
nahme auf den unmittelbar bevorstehenden Tod Jesu zu erblicken.
Rätselhaft und dunkel bleiben die beiden kurz ausgesprochenen
Formeln immer. Mit einiger Sicherheit kann man nur den antiken,
damals aber in einer Zeit allgemeiner religiöser Gärung an verschiedenen
Stellen neu belebten Ideenkreis aufzeigen, aus welchem sie zu verstehn sind.

14, 25. Daß er zum letzten mal Brot gegessen hat, hebt Jesus
nicht hervor, wohl aber, daß er zum letzten mal Wein getrunken hat
— das ist etwas besonderes. Von seiner Parusie als Messias sagt er
kein Wort. Er betrachtet sich nur als einen der Gäste an dem Tisch,
an dem die Auserwählten sitzen werden, n a c h d e m d a s R e i c h
G o t t e s , ohne sein Zutun, g e k o m m e n i s t; jeder andere hätte
die Hoffnung, daß er einst teilnehmen werde an den Freuden des
Reichs, mit den gleichen Worten ausdrücken können. Dieselben
werden von den Juden immer als Tafelfreuden vorgestellt. Jesus
folgt dem, obgleich er den Sadducäern gegenüber gesagt hat, daß
die Menschen nach der Auferstehung sein werden wie die Engel Gottes.
Man darf nicht annehmen, daß er hier das Reich Gottes v o r die allgemeine Auferstehung setze. An seine singuläre Auferstehung denkt
er erst recht nicht, Matthäus setzt μετ᾽ ὑμῶν hinzu. Daß er aber auch
seinen Tod hier nicht in Aussicht nehme, sondern im Gegenteil der
siegesfrohen Hoffnung auf den demnächstigen oder binnen Jahres-
frist erfolgenden (Strauß 2, 442) Sieg seiner Sache in Jerusalem
Ausdruck verleihe, ist ein schlechter Einfall. Er gibt sich in diesem
Augenblicke gar nicht als Messias, weder als gegenwärtigen, noch als
zukünftigen.

Lukas ist bisher nicht berücksichtigt worden. Er läßt die Weissagung des Verrats in § 73 aus und gibt sie an späterer Stelle. Das
Pascha in § 73 läßt er aber nicht aus, er betont es im Gegenteil und
beseitigt dessen Kollision mit dem Abendmahl in § 74. Sein Bericht
zerfällt in zwei getrennte Teile. Im ersten Teil (22, 14—18) vereinigt

er das, was bei Mc in § 73 und § 74 aus einander fällt. Das Pascha
wird gegessen 22, 15 und daran ein Spruch geknüpft 22, 16, darauf
sofort der Wein getrunken und daran ein völlig paralleler Spruch
geknüpft 22, 18, womit der Schluß des Markusberichts (Mc 14, 25)
erreicht wird[1]). Durch diese Verschmelzung des Paschas mit dem
Abendmahl wird die Auslassung des Brotes bedingt, an stelle des-
selben tritt eben das Pascha. Der Akt im ersten Teil ist bei Lukas
rein historisch und nicht zur Wiederholung bestimmt: die Christen
sollen doch das Pascha nicht mehr essen! Die Einsetzung der liturgi-
schen Eucharistie wird davon völlig geschieden, sie wird im zweiten
Teil (22, 19. 20) berichtet, und zwar mit den Worten des Paulus.

In der Syra sind die beiden Teile in einander gearbeitet. „Und
als die Stunde kam, setzten sie sich zu Tisch, er und seine Jünger
mit ihm. [15] Da sprach er zu ihnen: mich hat verlangt, das Pascha
mit euch zu essen, bevor ich leide, [16] denn ich sage euch, ich werde es
nicht mehr essen, bis das Reich Gottes sich erfüllt. [19] Und er nahm
das Brot und sprach den Segen darüber und brach und gab es ihnen
und sagte: dies ist mein Leib, den ich für euch hingebe; so sollt ihr
tun zu meinem Gedächtnis. [17]. [20] Und nachdem sie das Mahl gehalten,
nahm er den Kelch und sprach den Segen darüber und sagte: nehmt
diesen, teilt ihn unter euch, dies ist mein Blut, das Neue Testament.
[18] Denn ich sage euch: von nun an werde ich nicht mehr von dieser
Frucht trinken, bis das Reich Gottes kommt." Also das Brot 22, 19
ist gleich hinter das Pascha gestellt und der Wein 22, 20 mit dem
Wein 22, 17 verbunden, damit nicht zweimal hinter einander gegessen
und getrunken werde. Das Motiv ist durchsichtig, ein Motiv dagegen,
diesen Text in zwei Teile aus einander zu reißen, nicht abzusehen.
Es wäre auch keinem gelungen, die Scheidung so durchzuführen,
daß zuerst das Amalgam aus Mc, dann der Bericht des Paulus reinlich herauskäme, zuerst die Historie und dann die Liturgie. Indem
nun aber in der Syra das Ganze liturgisch wird, entsteht die Frage,
ob die Christen auch noch das jüdische P a s c h a halten sollten.

---

[1]) Daß Jesus nicht bloß sein Verlangen nach dem Pascha ausspricht,
sondern es auch wirklich mit den Jüngern ißt, wird zu erzählen unterlassen,
weil es sich von selbst versteht, aber in 22, 16 gerade so vorausgesetzt, wie in
22, 18 das Weintrinken. Aus 22, 17 herauszulesen, daß er nicht selber mit
getrunken habe, ist eine unglaubliche Wortklauberei, die man ebensogut bei
Mc (abgesehen von 14, 25) üben könnte.

Ganz anders liegt die Sache im Cantabr. und in der Latina.
Dort lautet der erste Teil wie in der Vulgata, der zweite aber fehlt,
bis auf einen Rest von 22, 19: καὶ λαβὼν ἄρτον εὐχαριστήσας ἔκλασεν
καὶ ἔδωκεν αὐτοῖς λέγων· τοῦτό ἐστιν τὸ σῶμά μου. Gelehrte der ver-
schiedensten theologischen Richtung acceptieren diesen Textbestand
und streichen 22, 20. Aber 22, 19 in der Form des Cantabr. ist ein
sehr unbefriedigender Schluß, eher ein lästiger Überhang. Es ist
in Wahrheit nur der Anfang des zweiten Absatzes, der deshalb unentbehrlich schien, weil sonst das Brot ganz fehlen würde; denn in
22, 14—18 ist nicht davon die Rede. Der Anfang stammt nun gerade
so gut aus 1 Kor 11, wie die Fortsetzung. Will man also konsequent
sein, so muß man den ganzen zweiten Absatz (22, 19. 20) als aus Paulus
nachgetragen ansehen und bei Lukas streichen. Dazu hat Blaß die
Einsicht und den Mut gehabt, nachdem schon Wilke (Urevangelist
p. 140 ss. 414) nahe daran gewesen war. Das unverbundene Neben-
einander zweier doch ganz parallelen Stücke ist gerade dem Lukas
nicht zuzutrauen. Er hat nur das Pascha-Abendmahl überliefert,
als ein einmaliges, erstes und letztes Geschehen: der rein präteritale
Charakter tritt bei ihm dadurch, daß das Pascha an die Stelle des
Brotes zu stehn kommt, stärker hervor als bei Mc. Das schien unerträglich. Später wurde mit den Worten des Paulus die bleibende
Gedächtnisfeier hinzugefügt.

Es sei mir gestattet, noch einige allgemeine Bemerkungen zu
machen, die nicht den Anspruch erheben, neu zu sein. Das Abendmahl ist nicht ein Anhang an das Pascha, es wurde nicht erst Fleisch
und dann Brot gegessen. Dagegen ist allerdings innerhalb des Abendmahls der Wein ein besonderer Anhang an das Brot. Er wurde bei
der gemeinsamen Mahlzeit, die Jesus regelmäßig mit seinen Jüngern
hielt, nur ausnahmsweise getrunken. Gewöhnlich war sie nur ein
Brotessen oder Brotbrechen, wobei natürlich Zukost (z. B. Fisch)
und Wasser nicht ausgeschlossen ist. Und dabei blieb es auch nach
dem Tode Jesu. Die Jünger brachen täglich mit einander das Brot,
wie früher, ohne daß jedoch das Weintrinken notwendig dazu gehörte;
der Meister galt als anwesend und war in Emmaus sogar leiblich dabei,
nach seiner Auferstehung. Fortgesetzt wurde somit nur das, was
schon vor dem letzten Abendmahl bestand. Die alte Tischgemein-
schaft mit dem Meister wurde festgehalten. Das machte sich von
selbst, er hatte es nicht ausdrücklich beim letzten mal befohlen. In

dem synoptischen Berichte über das Herrenmahl fehlen die Einsetzungsworte, sie stehn nur bei Paulus. Paulus scheint also nicht bloß das
Brotbrechen — wobei es wohl auch einmal Wein geben konnte —
in der Gemeinde vorgefunden zu haben, sondern auch schon die Imitation des historischen, den Wein notwendig einschließenden Abendmahls, ohne daß freilich das Verhältnis von ein zu ander klar hervorträte. Das ist um so merkwürdiger, da er trotzdem seine Kenntnis
von der Sache nicht auf eine schon bestehende Liturgie gründet,
sondern auf eine Überlieferung vom Herrn, die nicht jedermann
bekannt ist.

Das Abendmahl, welches ich vorhin als das historische bezeichnet
habe, zeichnet sich wenigstens dem Grade nach vor dem gewöhnlichen
dadurch aus, daß es das letzte ist und ein durch den nahen Tod Jesu
motivierter, besonderer Akt der Gemeinschaftsstiftung, der Verbrüderung zwischen den Jüngern, damit sie, auch wenn sie ihr Haupt
verloren haben, doch zusammenhalten und gewissermaßen in corpore
an die Stelle treten sollen. Eine Bundschließung geschieht ein für
alle mal, bedarf keiner Wiederholung und erträgt keine Wiederholung.
Man hat ohne Grund bezweifeln wollen, daß Jesus sich seines Todes
bewußt gewesen wäre, mit einigem Recht, daß die Jünger diesen
Hintergrund hätten verstehn können. Mir scheint am zweifelhaftesten,
ob es damals schon die Zwölfe gegeben hat; sie werden allerdings
ausdrücklich nur in § 73 genannt. Der Ausspruch 14, 25 macht einen
sehr altertümlichen Eindruck.

In einem Anhange gibt Lukas (22, 24 ss.) dem Abendmahl die
Moral, daß es ein Vorbild der διακονία für die Jünger sein solle. Ebenda
deutet er die διαθήκη, nach dem üblichen, in der Regel auch von Paulus
befolgten griechischen Sprachgebrauch, als T e s t a m e n t, wodurch
Jesus letztwillig den Seinen vermacht, daß sie an seinem Tisch essen
und trinken sollen im Reiche Gottes. Im vierten Evangelium ist
d i e F u ß w a s c h u n g beim letzten Mahl Vorbild der διακονία.

§ 75. 14, 26—31 (Mt 26, 30—35. Lc 22, 31—34).

Und nach dem Lobgesange gingen sie hinaus zum Ölberge.
²⁷ Und Jesus sprach zu ihnen: Ihr werdet alle zu Fall kommen;
denn es steht geschrieben: ich werde den Hirten schlagen und
die Schafe werden sich verstreuen. ²⁸ Nach meiner Auferstehung

aber werde ich euch vorausgehn nach Galiläa. ²⁹ Petrus sagte:
wenn auch alle zu Fall kommen, so doch nicht ich. ³⁰ Und Jesus
sagte zu ihm: Amen ich sage dir, eben du wirst heute in dieser
Nacht, ehe der Hahn zweimal kräht, mich dreimal verleugnen.
³¹ Er aber redete um so eifriger: wenn ich mit dir sterben müßte,
so werde ich dich doch nicht verleugnen. Ebenso sagten alle
Anderen.

14, 26. Jesus befindet sich hier in Jerusalem, was nur durch
die Paschafeier motiviert ist. Diese wird auch durch das Hallel (ὑμνεῖν)
vorausgesetzt. Also gehört Vers 26 und vielleicht ganz § 75 zu der
gleichen Schicht wie § 72. 73. Der Ort des Abendmahls in § 74 wird
Bethanien gewesen sein.

14, 27. Das Zitat stammt aus einer anderen Übersetzung als der
Septuaginta und aus einem anderen Texte als dem masoretischen.

14, 28. Auf diese Weissagung wird neuerdings mit Recht großes
Gewicht gelegt. Sie bestätigt, was Paulus sagt, daß der Schauplatz,
wo der Auferstandene den Jüngern zuerst erschien, Galiläa gewesen
ist. Sie fehlt aber in dem Fragment von Faijum (bei Preuschen,
Antilegomena (1905) p. 21) und steht allerdings locker im
Zusammenhang.

14, 29—31. Vgl. zu 14, 72.

§ 76. 14, 32-42 (Mt 26, 36-46. Lc 22, 39-46).

Und sie kamen zu einem Orte mit Namen Gethsemane.
Und er sagte zu seinen Jüngern: setzt euch hier, derweil ich
bete, ³³ doch Petrus und Jakobus und Johannes nahm er mit.
Und er fing an zu zittern und zu zagen ³⁴ und sagte zu ihnen:
meine Seele ist betrübt zum Sterben, bleibt hier und wacht.
³⁵ Und er ging eine kleine Strecke vor und warf sich nieder zur
Erde und betete, daß womöglich die Stunde an ihm vorüber-
gehe. ³⁶ Und er sprach: Abba, Vater, Alles ist dir möglich, laß
diesen Kelch an mir vorübergehn; doch nicht wie ich will, sondern
wie du willst. ³⁷ Und er kam und fand sie schlafen und sprach
zu Petrus: Simon, schläfst du, kannst du nicht einen Augenblick
wachen? ³⁸ wacht und betet, daß ihr nicht in Versuchung kommt;
der Geist ist willig, das Fleisch aber schwach. ³⁹ Und wieder ging
er weg und betete. ⁴⁰ Und wieder kam er und fand sie schlafen,

denn ihre Augen waren schwer; und sie wußten nicht, was sie ihm sagen sollten. [41] Und zum dritten mal kam er und sprach zu ihnen: Schlaft ihr so und ruht? Es ist genug, [die Stunde ist gekommen, der Menschensohn wird in die Hände der Sünder übergeben] [42] steht auf, laßt uns gehn; siehe, der mich verrät, ist nahe.

14, 32. Wenn § 76 mit § 74 zu verbinden ist, so flieht Jesus aus dem Hause, in welchem er das Abendmahl gehalten hat, in die Nacht. Wohl nicht bloß um zu beten: denn dazu brauchten seine Jünger nicht mit zu kommen. Der Vollmond scheint, es ist einen Tag vor Ostern. "Εως bedeutet ' a d (während), wie öfters. G e t h s e m a n e heißt in der Syra Guschmane oder Gischmane, in der Syropalaestina Gismanin, im Cantabr. Γησαμαναι. Diese Aussprache dürfte wie Βηοσαιδαν die echte sein; sie ist volkstümlich und phonetisch, die andere korrekt und etymologisch.

14, 34. "Εως θανάτου (1 Reg 19, 4. Jon 4, 9) = so daß ich tot sein möchte.

14, 35. 36. Was Jesus gebetet hat, hat niemand gehört; es wird erschlossen aus der Verzweiflung, die er vor den Jüngern nicht verhehlte. In 14, 35 geschieht das bescheiden in oratio obliqua; in 14, 36 werden seine eigenen Worte angeführt, ohne daß bei der Wiederholung der oratio obliqua in oratio recta irgend etwas inhaltlich Neues hinzukäme. D i e S t u n d e als Schicksalsstunde ist aus der Astrologie in den allgemeinen Sprachgebrauch übergegangen. Ebenso 14, 41. Dagegen in 14, 37 bedeutet Stunde, was wir Augenblick nennen.

14, 38. Die allgemeine Mahnung, bei der der Numerus der Anrede wechselt und Wachen metaphorisch gemeint ist, fällt hier aus dem Ton. Jesus mag sie bei einer anderen Gelegenheit gesprochen haben; für bloß paulinisch wird man den Gegensatz von Geist und Fleisch nicht halten dürfen, Paulus faßt ihn auch anders.

14, 39 ist in der Übersetzung nach der kürzeren Form des Cantabrig. und der Latina wiedergegeben, worin sich die Rückweisung auf 14, 36 nicht findet.

14, 40. Der dritte Satz setzt den ersten fort, nicht den zweiten, der parenthetisch ist.

14, 41. Καθεύδετε ist auch hier Frage, τὸ λοιπόν hat einen etwas unangebbaren Sinn. 'Απέχει leitet von καθεύδετε über auf ἐγείρεσθε am Anfang von 14, 42. Was in der Mitte steht, verrät sich auch durch

den Menschensohn als sekundär. Läßt man es aus, so tritt der Zusammenhang deutlich hervor. „Es ist nun genug des Schlafens, steht
auf, laßt uns fortgehn, denn die Gefahr ist nah."

§ 77. 14, 43—52 (Mt 26, 47—56. Lc 22, 47—53).

Und alsbald, wie er noch redete, erschien Judas, einer der
Zwölfe, und mit ihm ein Haufe mit Schwertern und Stöcken,
gesandt von den Erzpriestern und Schriftgelehrten und Ältesten.
[44] Der Verräter hatte ihnen aber ein Zeichen gegeben und gesagt:
wen ich küsse, der ist es; den greift und führt ihn sicher ab. [45] Und
wie er kam, trat er alsbald auf ihn zu und sagte: Rabbi! und
küßte ihn. [46] Da legten sie Hand an ihn und griffen ihn. [47] Einer
der Anwesenden aber zog sein Schwert und schlug einem Knechte
des Hohenpriesters das Ohr ab. [48] Und Jesus hub an und sprach
zu ihnen: wie gegen einen Räuber seid ihr mit Schwertern und
Stöcken ausgezogen, mich zu fangen? [49] täglich bin ich bei euch
gewesen im Tempel und habe gelehrt, und ihr habt mich nicht
gegriffen — aber die Schrift muß erfüllt werden. [50] Da verließen
ihn alle und flohen. [51] Ein Jüngling aber ging mit, der trug ein
Hemd auf dem bloßen Leibe; und sie griffen ihn, [52] er aber ließ
das Hemd fahren und floh nackend.

14, 43. Judas wird an dieser Hauptstelle nicht Ischariot genannt
und von frischem als einer der Zwölfe vorgestellt.

14, 44. Obwohl das Subjekt gar nicht wechselt, wird es doch
explicite genannt und zwar in einer von 14, 43 abweichenden, um-
schriebenen Form: ὁ παραδιδοὺς αὐτόν. Warum? Es schien nötig,
dem in 14, 45. 46 Erzählten eine Erklärung vorauszuschicken, deren
es aber nicht bedarf: man versteht auch ohnehin.

14, 45. Zu ἐλθών .... προσελθών vgl. 1, 35.

14, 47. Unter den παρεστηκότες befinden sich nicht bloß die drei
Intimen (14, 42) oder die Zwölfe, sondern auch noch andere Jünger
(14, 51). Sie sind nicht so ahnungslos, wie es nach § 76 scheint, sondern
einigermaßen vorbereitet. Jesus tadelt es bei Mc nicht, daß aus seiner
Umgebung heraus der Gewalt Widerstand geleistet wird; bei Lukas
(22, 38) scheint er sogar die Seinen aufzufordern, sich mit Waffen
zu versehen. Das Abhauen des Ohres setzt ein Handgemenge voraus, worüber aber geschwiegen wird.

14, 49. Es ist bereits bemerkt worden, daß καθ' ἡμέραν eine längere
Zeit für das Lehren im Tempel voraussetzt, als zwei Tage.
14, 51. 52. Dies ist eine der eigenartigsten Episoden im Mc.
Man erfährt nicht, woher der Jüngling kommt und warum er bloß
mit einem σινδών (Nachtgewand?) bekleidet ist, namentlich auch
nicht, wie er heißt. Der Erzähler muß darüber Bescheid gewußt
haben, während er den Knecht des Hohenpriesters und den, der ihm
im Tumult das Ohr abhieb, nicht gekannt zu haben braucht. Den
Grund seines Schweigens sucht man darin, daß er selber der den
Griffen enthuschende Jüngling gewesen sei. Vgl. zu Joa 19, 25.

§ 78.   14, 53. 54 (Mt 26, 57. 58. Lc 22, 54. 55).

Und sie führten Jesus ab zu dem Hohenpriester, und die
Erzpriester und Ältesten und Schriftgelehrten kamen alle zusammen. ⁵⁴ Petrus aber war ihm von weitem gefolgt bis hinein
in den Hof des Hohenpriesters, und er saß bei den Dienern und
wärmte sich am Feuer.

Das Synedrium versammelt sich hier, wie es scheint ordnungsmäßig, im Palast des regierenden Hohenpriesters. Dessen Name
wird bei Mc nicht genannt; bei Matthäus heißt er Kaiaphas, bei Lukas
Annas; vgl. zu Joa 12, 12—27. — Φῶς 14, 54 ist das Feuer; φῶτα wechselt
1 Macc 12, 28. 29 mit πυραί. Die αὐλή ist ein Binnenhof, ebenso wie
15, 16.

§ 79. 80.   14, 55—65 (Mt 26, 59—66. Lc 22, 63—71).

Die Erzpriester aber und der ganze Rat suchten Zeugnis
gegen Jesus, um ihn zu töten, und fanden keines. ⁵⁶ Denn viele
brachten falsche Anklagen vor, aber die Aussagen stimmten
nicht überein. ⁵⁷ Da standen etliche auf und brachten die falsche
Anklage wider ihn vor, ⁵⁸ sie hätten ihn sagen hören: ich werde
diesen mit Händen gemachten Tempel zerstören und binnen
drei Tagen einen anderen bauen, der nicht mit Händen gemacht
ist. ⁵⁹ Aber auch in diesem Fall stimmten ihre Aussagen nicht
überein. ⁶⁰ Und der Hohepriester trat vor und fragte Jesus: antwortest du nichts auf das, was diese wider dich vorbringen?
⁶¹ Er aber schwieg und antwortete nichts. [Wiederum fragte ihn
der Hohepriester: bist du der Christus, der Sohn des Hoch-

gelobten? [62] Jesus sprach: ich bin es, und ihr werdet den Menschensohn sitzen sehen zur Rechten der Kraft und kommen mit den Wolken des Himmels.] [63] Da zerriß der Hohepriester seine Kleider und sagte: was brauchen wir noch Zeugen! [64] ihr habt die Lästerung gehört, was ist eure Meinung? Sie sprachen ihn alle des Todes schuldig.

[65] Und Etliche spien ihn an und verhüllten ihm das Gesicht und gaben ihm Backenstreiche und sagten zu ihm: weissage! Und die Diener traktierten ihn mit Schlägen.

14, 55. Zeugnis wird für Anklage oder Beschuldigung gebraucht, wie im Alten Testament. Daran, daß die Zeugen mitten in der Nacht zur Stelle sind, braucht man keinen Anstoß zu nehmen. Das Verhör war vorbereitet, und die Sache hatte Eile (14, 2).

14, 56. Das Gericht verfährt hier ordnungsmäßig und kann sich widersprechende Aussagen nicht gebrauchen.

14, 57—59. Nach dem jetzigen Wortlaut bei Mc sind auch diese Zeugen falsche Zeugen und verwickeln sich in Widersprüche. Dann erhellt aber nicht, warum sie von den früheren unterschieden und von dem Gericht anders behandelt werden. Matthäus zeigt, daß der Text des Mc überarbeitet ist; bei ihm fehlt der ganze Vers 14, 59 und das ἐψευδομαρτυροῦν in 14, 57, das letztere Wort fehlt auch in der Syra. Im vierten Evangelium wird die Anklage nicht für eine Verleumdung erklärt, sondern nur für ein Misverständnis.

14, 58. Der Cantabr. (samt der Latina) korrigiert οἰκοδομήσω in ἀναστήσω, um eine Beziehung auf die ἀνάστασις zu erhalten (nach Joa 2, 21), und verlegt diese Aussage auch hinter 13, 2 in den Mund Jesu. Daran ist so viel richtig, daß die Anklage sich in der Tat auf die von Jesus 13, 2 getane Äußerung über die baldige Zerstörung des Tempels bezieht. Diese mag ursprünglich schroffer gelautet haben, denn unsere jetzige evangelische Überlieferung sucht in diesem Punkte zu mildern.

14, 60. Man sieht hier deutlich, daß ἀναστῆναι εἰς τὸ μέσον nur v o r t r e t e n oder a u f t r e t e n bedeutet. Mit τί wird keine direkte Frage eingeleitet, so wenig wie 4, 24. 14, 36.

14, 61. Der Hohepriester verfolgt die Anklage 14, 58, die doch durch Jesu Schweigen als zugestanden betrachtet werden konnte, sonderbarer weise gar nicht, sondern schlägt ein anderes, vom Zeugenverhör ganz unabhängiges Verfahren ein.

14, 62 soll bedeuten: „Ja, ich bin der Messias und ich werde
euch das bald durch mein Erscheinen als Menschensohn beweisen,
so daß ihr es noch seht und erlebt." Jesus bekennt sich also nicht
einfach als den Messias, sondern er nennt sich den Menschensohn
und weissagt seine Parusie. Es ist wenig glaublich, daß er das überhaupt getan hat, und am wenigsten daß er es vor dem Synedrium
getan hat. Dieses hätte auch in dem Ausspruch nur einen locus com-
munis erkennen und keine Beziehung auf Jesus heraus hören können.
Man beruft sich freilich für die Authentie auf die feierliche Scene.
Aber wenn sogar Luthers „hier steh ich", wobei halb Europa zu-
hörte, keineswegs zuverlässig überliefert ist, wie sollte der Wortlaut
dieses weit weniger öffentlich abgelegten Bekenntnisses Jesu, bei dem
seine Jünger nicht zugegen waren, durch die Scene verbürgt sein?
Entscheidend freilich sind andere Gründe, welche beweisen, daß die
beiden Verse 14, 61 (von πάλιν an) und 62 nicht zur ältesten Überlieferung gehören, sondern eingelegt sind. Sie werden alsbald zur
Sprache kommen.

14, 63. 64. Wenn auch kein Zweifel besteht, daß Jesus v o n
P i l a t u s als Messias gekreuzigt ist, so muß doch seine Verurteilung
durch d i e j ü d i s c h e B e h ö r d e formell einen anderen Grund
gehabt haben. Nach jüdischen Begriffen lag darin unmöglich eine
Gotteslästerung, daß jemand sagte, er sei der Christus, der Sohn
Gottes. Jesus hätte ja dann auch das Vergehen erst auf Drängen
des Hohenpriesters begangen, nicht vor der Anklage, sondern während
der Untersuchung; und seine Schuld hätte nur in einer schwer aus
ihm heraus zu bringenden Meinung über sich selbst bestanden, nicht
in öffentlichem Auftreten. Wir sind darauf vorbereitet, was in der
Tat die Gotteslästerung war, deren wegen der Hohepriester seine
Kleider zerriß. Es war die Äußerung Jesu über die Zerstörung des
Tempels. So etwas sahen die späteren Juden ebenso wie die ältern
als die schrecklichste Blasphemie an, wie bereits zu 13, 2 gesagt und
belegt ist. Diese Blasphemie war die l e g a l e Todesschuld, sie wurde
durch einwandsfreie Zeugen bewiesen und von Jesus selbst durch sein
Schweigen zugestanden. Auch 15, 29 wird diese Todesschuld ange-
geben, und Stephanus stellt sich aus diesem Grunde in Parallele mit
Jesus (Act 6, 13. 14).

Wenn dem so ist, so folgt, daß 14, 61. 62 (von πάλιν an) den
ursprünglichen Zusammenhang unterbricht und daß 14, 63 in Wahr-

heit direkt an das Schweigen Jesu anschließt, welches von dem Hohenpriester als Eingeständnis aufgefaßt wird. Die evangelische Überlieferung, wie sie uns gegenwärtig vorliegt, trägt sichtlich Scheu,
eine Lästerung Jesu gegen den Tempel als den Grund für seine Verurteilung durch das Synedrium zuzugeben. Sie sucht in Abrede zu
stellen, daß eine solche Lästerung wirklich gefallen, und namentlich,
daß sie einwandsfrei bezeugt gewesen sei: Mc und Matthäus erklären
die Zeugen für Lügner, Lukas läßt das ganze Zeugenverhör radikal
aus und gar noch Mc 15, 29 s. dazu. Und sie behauptet übereinstimmend,
daß vielmehr das Messiasbekenntnis den Ausschlag für die Verurteilung gegeben habe. Aber wenn auch das wahre Motiv der Feindschaft der Synedristen gegen Jesus sicherlich wo anders lag, so
verurteilten sie ihn doch wegen Blasphemie; und daß sie selbige nur
als Vorwand benutzten, ändert nichts an der formellen Legalität ihres
Verfahrens. Auch die evangelische Überlieferung steht unter dem
Eindruck, daß eine Tempellästerung nach jüdischen Begriffen den
Synedristen eine korrekte Handhabe würde geboten haben; eben
deshalb sucht sie sie aus den Akten zu schaffen. — Es ist bemerkenswert daß hinter ἠκούσατε τῆς βλασφημίας bei Mc und Matthäus nicht
steht wie bei Lukas: ἀπὸ τοῦ στόματος αὐτοῦ. Lukas aber läßt τῆς
βλασφημίας aus, er wagt das Messiasbekenntnis nicht so zu bezeichnen,
von dem bei ihm allein die Rede ist. Er kennt noch den wahren
Inhalt der Blasphemie und braucht darum auch das Wort nicht, wie
er die Sache verschweigt.

14, 65. Die Nennung von οἱ ὑπηρέται als Subjekt des letzten
Satzes setzt vorher die Synedristen als Subjekt voraus. Das waren
aber vornehme Männer, denen ein so pöbelhaftes Benehmen nicht
zugetraut werden kann. Mir scheint, daß das Subjekt nicht wechseln
darf, sondern durchgehn muß. Dann wäre οἱ ὑπηρέται, welches im
Cantabr. fehlt, ein falsches Explicitum. Besser wäre es für τινές
einzusetzen gewesen. Denn diese Etlichen sind in der Tat nicht unter
den Richtern zu suchen, sondern unter dem niederen Personal und
unter dem Umstande. — Das nackte προφήτευσον bei Mc wird bei
Matthäus und Lukas erklärt durch den Zusatz: τίς ἐστιν ὁ παίσας σε.
Dieser Zusatz läßt sich in der Tat kaum entbehren, wenn die vorhergehende Angabe über die Verdeckung des Gesichtes richtig ist. Jedoch
sie fehlt im Cantabr. und in der Syra, und dadurch verändert sich
der Sinn des προφήτευσον. Sie wollen ihn prophezeien lehren, d. h.

ihm durch Schläge das Prophezeien (z. B. der Zerstörung des Tempels) austreiben. — Auffallend kurz lautet 14, 65 in der Latina (Vercell.): Et coeperunt quidam inspuere in faciem eius et colaphizabant eum.

§ 81. 14, 66—72 (Mt 26, 69—75. Lc 22, 56—62).

Und Petrus war unten im Hofe. Da kam eine von den Mägden des Hohenpriesters, [67] und als sie Petrus sah, wie er sich wärmte, schaute sie ihn an und sagte: du warst auch bei dem Nazarener, bei Jesus. [68] Er aber leugnete und sprach: ich weiß nicht und versteh nicht, was du sagst. Und er ging hinaus in den Vorhof, [69] und die Magd sah ihn und begann wiederum zu den Umstehenden zu sagen: das ist einer von ihnen. [70] Er aber leugnete abermals. Und nach einer kleinen Weile sagten die Umstehenden wiederum zu Petrus: du bist in der Tat einer von ihnen, denn du bist ja ein Galiläer. [71] Da begann er zu fluchen und zu schwören: ich kenne diesen Menschen nicht, von dem ihr redet. [72] Und alsbald krähte der Hahn zum zweiten mal. Da erinnerte sich Petrus des Wortes, das Jesus zu ihm gesagt hatte: ehe der Hahn zwei mal kräht, wirst du mich drei mal verleugnen. Und er ward aufmerksam und weinte.

14, 66. Diese Episode ist vorbereitet durch 14, 54. Sie fällt um den Hahnenschrei zwischen Mitternacht (§ 79) und frühen Morgen (§ 82); vgl. 13, 35. Die Erzählung rechnet nicht mehr nach Tagen, sondern nach Dreistunden, auch im Folgenden: auf drei Uhr fällt die Kreuzigung, auf sechs Uhr (d. h. mittags) die Finsternis, auf neun Uhr der Tod.

14, 67. Der Feuerschein beleuchtet Petrus, es ist aber auch Vollmond.

14, 68. Καὶ ἀλέκτωρ ἐφώνησεν ist nur durch den Cantabr. und die Latina bezeugt.

14, 69. Hat die Magd mit Petrus zusammen den Ort gewechselt?

14, 71. Ἀναθεματίζειν (achrem) ist das selbe wie ὀμνύναι. Das Schwören ist bedingte Selbstverfluchung.

14, 72. Wer den Satz καὶ ἀλέκτωρ ἐφώνησεν in 14,68 für unecht hält, nimmt an, der Hahnenschrei, als Bezeichnung für das Morgengrauen, werde genauer der zweite Hahnenschrei genannt, wie z. B. in Clem. Homil. 3, 1. 8, 3.

'Επιβάλλειν, wie advertere für animadvertere, bedeutet: aufmerksam werden. Wenn aber Petrus sich schon vorher der Worte
Jesu erinnert hat, so kann er nicht erst hinterher aufmerksam werden; das Aufmerksamwerden (durch den Hahn) ist der Anfang und
das Gedenken (an die Weissagung) die Folge. Im Cantabr. wird der
Inhalt des Wortes Jesu nicht angegeben.

§ 82. 15, 1—5 (Mt 27, 1. 2. 11—14. Lc 23, 1—5).

Und am frühen Morgen, sobald sie Beschluß gefaßt hatten,
ließen die Erzpriester [mit den Ältesten und Schriftgelehrten]
und der ganze Hohe Rat Jesus gebunden abführen und über-
gaben ihn Pilatus. ² Und Pilatus fragte ihn: bist du der König
der Juden? Er antwortete: du sagst es. ³ Und die Erzpriester ver-
klagten ihn heftig. ⁴ Pilatus aber fragte ihn wiederum: antwortest
du nichts? sieh, was sie alles gegen dich vorbringen! ⁵ Jesus aber
antwortete weiter nichts mehr, so daß Pilatus sich wunderte.

15, 1. Nach der Episode § 81 wird § 79. 80 fortgesetzt. Εὐθύς
gehört auch hier logisch zum Hauptverb, nicht zum Particip. Πρωί
ist morgens um sechs Uhr nach unserer Rechnung. Συμβούλιον
ἑτοιμάσαντες kann nach § 79 nur bedeuten: nachdem sie den Beschluß f e r t i g g e s t e l l t hatten — aber der Ausdruck befremdet.
Οἱ ἀρχιερεῖς καὶ ὅλον τὸ συνέδριον (14, 55) ist genug, μετὰ τῶν πρεσβ.
κ. γρ. zu viel. Die Hohenpriester stehn hier überall als pars pro toto
und zwar als pars potior, als die eigentlichen Betreiber der Sache.
Mc nennt Pilatus niemals ὁ ἡγεμών. Er braucht ihn seinen Lesern
nicht erst noch vorzustellen und setzt ebenfalls als bekannt voraus,
daß der Landpfleger zum Osterfest von Cäsarea nach Jerusalem zu
kommen pflegte. Auch den Ort der Scene gibt er nicht an; der Cantabr. setzt εἰς τὴν αὐλήν zu, hinter ἀπήνεγκαν — vgl. 15, 16.

15, 2. Pilatus kann nicht Messias (Christus), er muß König sagen.
Daß nirgends ein Dolmetsch erwähnt wird, beweist nicht, daß Jesus
Griechisch konnte, denn die Erzählung beschränkt sich auf einige
Hauptsachen. An sich ist es freilich nicht unmöglich. Σὺ λέγεις kommt
an dieser Stelle in allen Evangelien vor, bei Lukas auch noch an einer
anderen Stelle, kurz vorher. Jesus scheint damit sagen zu wollen:
aus freien Stücken hätte ich mich nicht als Messias proklamiert; das
Geständnis, daß ich es bin, ist mir abgepreßt.

15, 3. Πολλά (saggi) ist fast immer bei Mc Adverb, nicht Objekt, und besagt nicht, daß v i e l e r l e i gegen Jesus vorgebracht wurde. Schade, daß der Inhalt der Anklage nicht angegeben wird.

§ 83. 15, 6–15 (Mt 27, 15–26. Lc 23, 13–25).

Zum Feste aber pflegte er ihnen einen Gefangenen freizulassen, den sie sich ausbaten. [7] Es lag nun ein gewisser Barabbas gefesselt mit anderen Friedensbrechern, die bei einem Auflauf einen Mord begangen hatten. [8] Und das Volk kam an und begann zu verlangen, was er gewohnt war ihnen zu gewähren. [9] Und Pilatus erwiderte: soll ich euch den König der Juden freilassen? [10] Denn er erkannte wohl, daß die Erzpriester ihn aus Haß überantwortet hatten. [11] Aber die Erzpriester hetzten das Volk, daß er ihnen lieber Barabbas freilassen sollte. [12] Und Pilatus hub wieder an und sprach zu ihnen: was soll ich denn mit dem Könige der Juden machen, den ihr so nennt? [13] Darauf schrien sie: kreuzige ihn! [14] Pilatus sprach zu ihnen: was hat er denn Böses getan? Sie schrien noch stärker: kreuzige ihn! [15] Da gab Pilatus, um das Volk zufrieden zu stellen, ihnen Barabbas frei, Jesus aber ließ er geißeln und übergab ihn zur Kreuzigung.

15, 6. 7. Die hier erwähnte Gepflogenheit findet sich sonst nicht bezeugt. Der Name B a r A b b a ist nicht selten und findet sich schon auf den Papyri Mond von Assuan (B 16). Die Deutung B a r R a b b a n (filius magistri nostri) ist dem gegenüber unzulässig, R a b b a n ist kein Eigenname, und B a r R a b b a n (oder vielmehr damals noch Bar R a b b á n a) hätte auch nicht zu Βαρραββᾶς werden können, sondern nur zu Βαρραββάνας.

15, 8. Der Gerichtstermin muß angesagt und bekannt gegeben sein, wenn das Volk sich in so früher Stunde dazu einfinden konnte. Ἀναβαίνειν wird allgemein gebraucht, wenn das Wohin das Heiligtum oder auch das Gericht ist; aber das Prätorium lag auch wirklich hoch. Nicht Pilatus, sondern das Volk tut den ersten Schritt hinsichtlich der Loslassung; er greift nur zu.

15, 10. Die Perfidie war schon darin zu erkennen, daß die Juden einen der Ihrigen den Römern an das Messer lieferten, weil er ein nationaler Prätendent sei.

15, 11. Das Volk wird auch schon früher bearbeitet sein, und
mit Erfolg. Es zeigt sich wetterwendisch. Denn zuerst hatte Jesus
grade dadurch die Besorgnis der Behörde erregt, weil er einen großen
und begeisterten Anhang hatte. Indessen auch die Jünger hatten
ihn im Stich gelassen und Judas ihn verraten.

15, 12. Der Akkusativ des persönlichen Objekts nach ποιεῖν
ist in den Evangelien nicht die Regel.

15, 13. Das aramäische Äquivalent für πάλιν bedeutet nicht
bloß a b e r m a l s, sondern auch w e i t e r, d a r a u f.

15, 15. Pilatus findet darin keine genügende Schuld, daß Jesus
sich für den König der Juden hält, ohne doch den Frieden gebrochen
und irgend etwas getan zu haben, um das Reich an sich zu reißen.
Βούλεσθαι kommt bei Mc nur an dieser Stelle vor. In τὸ ἱκανὸν ποιεῖν
hat schon Hugo Grotius das lateinische satisfacere entdeckt. Im
Cantabr. fehlt der Satz βουλόμενος — ποιῆσαι.

§ 84—86.   15, 16—32 (Mt 27, 27—44. Lc 23, 26—43).

Die Kriegsknechte aber führten ihn ab, hinein in den Hof,
das ist das Prätorium. Und sie riefen die ganze Rotte zusammen,
[17] und sie zogen ihm einen Purpur an und setzten ihm eine Dornen-
krone auf, die sie geflochten hatten, und begannen ihn zu be-
grüßen: [19] Heil dir, König der Juden! Und sie schlugen ihn
mit einem Rohr auf das Haupt und spien ihn an und beugten
die Knie und warfen sich vor ihm nieder. [20] Und nachdem sie
ihren Spott mit ihm getrieben hatten, zogen sie ihm den Purpur
aus und seine eigenen Kleider wieder an, und führten ihn ab, um
ihn zu kreuzigen.

[21] Und sie preßten einen Vorübergehenden, Simon von
Cyrene, der von einem Dorfe kam, den Vater von Alexander
und Rufus, ihm das Kreuz zu tragen. [22] Und sie brachten ihn
nach der Stätte Golgotha, das heißt übersetzt: Schädelstätte.
[23] Und sie reichten ihm Wein mit Myrrhen, er nahm es aber
nicht. [24] Und sie kreuzigten ihn und verteilten ⸲eine Kleider,
indem sie darüber losten, wer dies und wer das bekommen sollte.
[25] Es war aber die dritte Stunde, da sie ihn kreuzigten. [26] Und
die Angabe seiner Schuld stand geschrieben in einer Aufschrift:

der König der Juden. ²⁷ Und mit ihm kreuzigten sie zwei Räuber, einen zu seiner Rechten und einen zu seiner Linken. ²⁹ Und die Vorübergehenden lästerten ihn, schüttelten den Kopf und sagten: ³⁰ o du, der den Tempel zerstört und in drei Tagen wieder aufbaut, rette dich selber und komm herab vom Kreuz. ³¹ Desgleichen führten auch die Erzpriester, nebst den Schriftgelehrten, spöttische Reden unter einander: andere hat er gerettet, sich selber kann er nicht retten ³² — der Christus, der König von Israel! er komme jetzt herab vom Kreuz, daß wir es sehen und gläubig werden. Und auch die mit ihm Gekreuzigten schmähten ihn.

15, 16. Die Scene muß vorher draußen gedacht sein. Jetzt verlegt sie sich in den Binnenhof des Prätoriums, in dem die ganze Kohorte Platz hat. Das Prätorium ist die gewaltige Burg des alten Herodes, im Nordwesten der Stadt. Wenn die Erklärung ὅ ἐστιν πραιτώριον das Ganze mit einem Teil gleichzusetzen scheint, so beruht das vielleicht nur auf einer Flüchtigkeit des Ausdrucks, die am ersten einem Interpolator (aus Mt 27, 27) zuzutrauen wäre, wie Blaß annimmt.

15, 18. Daß sich Mishandlungen in die Adoration mischen, läßt sich begreifen. Aber das Rohr soll doch der Scepter sein und muß dem Scheinkönige zunächst in die Hand gegeben werden. Darin hat Matthäus Recht.

15, 19. In τιθέναι τὰ γόνατα erkennt E. Klostermann einen Latinismus (genua ponere); vgl. mein Ev. Johannis p. 49 n. 1. Im Cantabr. fehlt der Satz.

15, 21. Wenn Simon auf dem Felde gearbeitet hätte, so würde auch daraus folgen, daß der erste Festtag noch nicht angegangen war. Indessen ἀγρός bedeutet wohl das Dorf.

15, 22. G o l g o t h a (auffallend statt Gogoltha, aus Golgoltha) ist der Hügel benannt nach der Gestalt; im Syrischen wird das synonyme q a r q a p h t a sogar appellativ in diesem Sinne gebraucht. Der Genitiv κρανίου τόπος müßte also epexegetisch sein. Richtig Lc 23, 33: der Ort, welcher Schädel genannt wird. Nach der aethiopisch erhaltenen Melchisedeklegende ist Golgatha der Schädel Adams.

15, 25. Die dritte Stunde ist drei Uhr, nach unserer Rechnung neun Uhr.

15, 26. Wenngleich die Aufschrift uns nur durch Relation, nicht als Dokument, zugekommen ist, so wäre es doch verbohrt, be-

zweifeln zu wollen, daß Jesus wirklich als König der Juden hingerichtet ist.

15, 29. Das Kopfschütteln ist Geberde des spöttischen Bedauerns,
namentlich über die gefallene Größe. Das Explicitum οἱ παραπορευόμενοι
fehlt in der Syra.

· 15, 31. 32 scheint mir eine Wucherung (aus 15, 29. 30) zu sein.
Sie ist bei Matthäus und namentlich bei Lukas noch weiter gegangen.
Die Erzpriester, vornehme Männer, kommen nicht des Weges, sondern
müßten ausdrücklich hingegangen sein, um sich an dem unheiligen
Anblick zu weiden, und noch dazu an einem Tage, an dessen Abend
das Pascha anbrach. Auch das absolut gebrauchte πιστεύειν 15, 32
fällt auf. Dagegen waltet natürlich kein Bedenken, daß sie ihn als
Messias v e r h ö h n e n, obgleich sie ihn nicht als solchen v e r -
u r t e i l e n konnten.

§ 87. 15, 33—39 (Mt 27, 45—54. Lc 23, 44—48).

Und um die sechste Stunde kam eine Finsternis über das
ganze Land, bis zu der neunten Stunde. [34] Und in der neunten
Stunde schrie Jesus laut: Eloi Eloi lama sabachthani, das heißt
übersetzt: mein Gott, mein Gott, warum hast du mich verlassen! [[35] Und etliche, die dabei standen, sagten, da sie es hörten:
er ruft Elias.] [36] Da lief einer und füllte einen Schwamm mit Essig,
steckte ihn auf ein Rohr und gab ihm zu trinken. [Und sie sagten:
laßt sehen, ob Elias kommt, ihm herabzuhelfen.] [37] Jesus aber tat
einen lauten Schrei und verschied. [38] Und der Vorhang des Tempels riß entzwei, von oben bis unten. [39] Da aber der Weibel, der
dabei war und ihn vor Augen hatte, sah, daß er so verschied, sagte
er: dieser Mensch ist dennoch Gottes Sohn gewesen.

15, 33. Die Sonne mag nicht zusehen und verhüllt ihr Angesicht
gerade am hellen Mittag (Amos 8, 9), denn sechs Uhr ist nach unserer
Rechnung zwölf Uhr. Man braucht das Wunder nicht dadurch
vollends unmöglich zu machen, daß man „über die ganze Erde"
übersetzt. Eine Sonnenfinsternis ist durch den Vollmond ausgeschlossen.

15, 34—36. Die meisten Uncialen le.en in Mc ganz aramäisch:
ἐλώι ἐλώι λαμὰ σαβαχθάνι; und in Matthäus halb hebräisch: ἠλὶ ἠλὶ

9*

λαμὰ σαβαχθάνι [1]). Der Cantabr. dagegen liest gleichmäßig in Mc und Matthäus ganz hebräisch: ἠλὶ ἠλὶ λαμὰ ζαφθάνι. Die Umstehenden meinen, der Ruf gelte dem Elias. Nur Juden wußten von Elias, sie aber konnten, da Aramäisch ihre Muttersprache war, ελωι nicht misverstehn, sondern nur das nichtaramäische ηλι, das auch am ersten an Ηλιας anklingt. Daß Jesus den Psalmvers auch im hebräischen Wortlaut gehört und gekannt hat, läßt sich vielleicht annehmen. Indessen beruht der Beweis, daß er die Worte hebräisch gesprochen habe, ganz auf der Angabe, daß sie als Hilferuf nach Elias gedeutet seien, und diese Angabe scheint apokryph zu sein.

Derjenige, der den Schwamm reicht, kann nur ein römischer Soldat gewesen sein. Ein solcher kann aber nicht gesagt haben: laßt sehen, ob Elias komme. In der Syra heißt es darum 14, 36 nicht: u n d e r s a g t e, sondern: u n d s i e s a g t e n, nämlich die παρεστηκότες 15, 35; ebenso tritt auch bei Matthäus an diesem Punkte ein Wechsel des Numerus und des Subjektes ein. Dann unterbricht der erste Satz von 15, 36 unleidlich den engen Zusammenhang von 15, 35 und 15, 36b. Aber nicht dieser Satz ist eingeschoben, sondern umgekehrt 15, 35 und 15, 36b. Denn das Misverständnis der Umstehenden stört in verletzender Weise den Eindruck des erschütternden Verzweiflungsrufes. Die Meinung ist natürlich, daß der Messias in höchster Not nach seinem Helfer gerufen habe, der ihm doch glatte Bahn machen sollte: Elias, Elias, wo bleibst du!

15, 38. Wie in 15, 33 die Sonne, so trauert hier der Tempel, indem er sein Kleid zerreißt wegen des Todes Jesu. Nach den klementinischen Rekognitionen (1, 41) trauert er über seinen eigenen, nun besiegelten Untergang oder über den Untergang der ganzen Stadt: lamentans excidium loco imminens.

15, 39. Bei Matthäus und Lukas wird der Centurio durch die Finsternis und das Erdbeben zu seinem Ausruf veranlaßt. Bei Mc ist das οὕτως unklar; der Cantabr., die Latina und Syra beziehen es auf den lauten Schrei, aber das ist albern. — Das Fehlen des Artikels macht den Status constr. (υἱὸς θεοῦ) nicht notwendig indeterminiert; und auch die Stellung im Prädikat ist ein Grund, ihn fallen zu lassen (Mt 14, 33. Joa 5, 27). Aus dem Heidentum des Centurio aber ließe

---

[1]) Der Accent liegt im Aramäischen niemals auf dem i der ersten Person, wohl aber im Hebräischen. Darnach hat man sich auch im Griechischen zu richten. Ἐλώι ist ebenfalls aramäisch (= ἐλάι), hebräisch wäre ἐλωάι.

sich nur dann schließen, daß er den Ausdruck Sohn Gottes in anderem
Sinn gebraucht habe als er sonst gebraucht wird, wenn der Vorgang
historisch wäre. Mit 15, 39 schließt die Passion; was folgt, ist eine
Art Nachtrag. Die Paragraphen 88. 89. 90 hangen eng unter sich
zusammen.

§ 88. 15, 40. 41 (Mt 27, 55. 56. Lc 23, 49).

Es schauten aber auch einige Weiber von ferne zu, darunter
Maria von Magdala, und Maria die Mutter des kleinen Jakobus
und des Joses, und Salome, [41] die ihn schon in Galiläa begleitet
und bedient hatten, und viele andere, die mit ihm nach Jerusalem
hinauf gegangen waren.

Hier werden die Zeugen unter dem Kreuz angegeben, für das
15, 28—39 Erzählte, oder vielmehr die Zeuginnen. Denn es sind
Frauen, ebenso wie bei der Auferstehungsgeschichte, da die Jünger
geflohen sind. Bei dieser Gelegenheit kommt ganz hinterdrein der
nicht gleichgiltige, freilich auch nicht sentimental und romantisch
aufzubauschende Umstand zu tage, daß Jesus schon in Galiläa auch
Frauen im Gefolge gehabt hat. Genannt werden drei, vgl. zu 16, 1.
Die anderen vielen scheinen ihn nicht schon in Galiläa, sondern erst
nach Jerusalem hinauf begleitet zu haben.

§ 89. 15, 42—47 (Mt 27, 57—61. Lc 23, 50—56).

Und nachdem es schon Abend geworden, [weil es Freitag
war, der Tag vor dem Sabbat,] [43] kam Joseph von Arimathia,
ein ehrsamer Ratsherr, der auch das Reich Gottes erwartete,
und wagte bei Pilatus einzutreten und um den Leichnam Jesu
zu bitten. [44] Pilatus aber wunderte sich, daß er schon gestorben
sein sollte, und ließ den Weibel rufen und fragte ihn, ob
er bereits tot sei. [45] Und als er es von dem Weibel erfahren
hatte, gewährte er Joseph den Leichnam. [46] Und er kaufte feine
Leinewand, nahm ihn ab, hüllte ihn in die Leinewand und setzte
ihn bei in einer Grabkammer, die in den Fels gehauen war, und
wälzte einen Stein vor die Tür der Grabkammer. [47] Maria von
Magdala aber und Maria die Tochter des Joses schauten, wo er
beigesetzt war.

15, 42. Ganz beiläufig und hinterdrein erfahren wir hier, daß
die Kreuzigung an einem Freitag geschah. Was das im Neuen Testa-

ment immer kausale ἐπεί hier begründen soll, versteh ich nicht. Mit Eintritt des Sabbats. sagt man, sei die Kreuzabnahme und das Begräbnis unstatthaft gewesen und daher Gefahr im Verzuge. Aber die Sabbatsruhe tritt schon mit Sonnenuntergang in Kraft und ὀψίας ist niemals früher als Sonnenuntergang, meistens später. Die Syra sagt kurz und gut: „und es geschah am Sabbat, da kam Joseph". Für προσάββατον liest der Cantabr. πρὶν σάββατον, er gebraucht πρίν auch in Joa 8, 58. 11, 55 als Präposition mit dem Akkusativ.

15, 43. Joseph von Arimathia, der Ratsherr von Jerusalem, überrascht durch seine plötzliche Erscheinung. Darf man sich zur Erklärung darauf berufen, das die evangelische Überlieferung unser Interesse für das s. g. Milieu nicht teilt, daß sie vieles, worauf wir großen Wert legen würden, weiß, aber nicht geflissentlich, sondern nur zufällig mitteilt? Das Warten auf das Reich Gottes ist bei Joseph spezifisch christlich gemeint und bedeutet, daß er hoffte, J e s u s würde es herbeiführen.

15, 44. 45. Jesus ist schon um drei Uhr nachmittags gestorben, aber noch am Abend, ein paar Stunden später, weiß Pilatus nichts davon und wundert sich darüber. Der Centurio muß persönlich erscheinen.

15, 46. Über dem Besuch bei Pilatus, dem Herbeiholen des Centurio und den Vorbereitungen zur Bestattung muß der kirchliche Sabbat längst eingetreten sein. Es ist also nichts mit dem Verbot des Begräbnisses am Sabbat, von dem die Exegeten zu 15, 42 reden. Ein solches Verbot wäre auch in dem heißen Palästina ziemlich unausführbar gewesen. Daß ein Nichtverwandter, noch dazu ein Hingerichteter, in ein Familiengrab aufgenommen wird, ist sehr ungewöhnlich und hochherzig.

15, 47. Maria heißt hier nicht, wie 15, 40, die Mutter, sondern d i e T o c h t e r des Joses; anders darf man nicht übersetzen. Eine Variante (Cantabr. und Syra) ist Μαρία Ἰακώβου. Vgl. darüber zu 16, 1.

§ 90.   16, 1—8 (Mt 28, 1—10. Lc 24, 1—11).

Und als der Sabbat vorüber war, kauften sie [Maria von Magdala und Maria die Tochter des Jakobus und Salome] Balsam, um hinzugehn und ihn zu salben. ² Und sehr früh am ersten Tage der Woche kamen sie an das Grab, als die Sonne aufging. ³ Und

sie sprachen bei sich: wer wird uns den Stein abwälzen von der
Tür des Grabes? ⁴ Und wie sie aufblickten, wurden sie gewahr,
daß der Stein abgewälzt war — er war aber sehr groß. ⁵ Und als
sie in das Grab eintraten, sahen sie rechts einen Jüngling sitzen
in weißem Gewand, und sie erschraken. ⁶ Er aber sprach zu ihnen:
Erschreckt nicht, Jesum sucht ihr, den gekreuzigten Nazarener —
er ist auferstanden, er ist nicht hier, seht da die Stätte, wo er gelegen hat. [⁷ Aber geht hin, sagt zu seinen Jüngern und zu Petrus:
er geht euch voraus nach Galiläa, dort werdet ihr ihn sehen, wie
er euch gesagt hat.] ⁸ Und sie gingen hinaus und flohen fort von
dem Grabe, denn Zittern und Entsetzen hatte sie erfaßt. Und sie
sagten keinem etwas, denn sie fürchteten sich.

16, 1 stimmt in der gewöhnlichen Lesung nicht mit 15, 47. Es
hilft nichts, mit dem Cantabr. dort Μαρία Ἰακώβου zu lesen, wenn
man nicht zugleich mit Matthäus die Differenz der Zahl beseitigt.
Nun aber stehn die Perikopen § 89 und 90 in allerengstem Zusammenhang. Und insbesondere gilt dies von den beiden dicht auf-
einanderfolgenden Versen 15, 47 und 16, 1. Sie dürfen nicht kolli-
dieren. Im Cantabr. zu 16, 1 fehlen mit Recht die hier nach 15, 47 völlig
überflüssigen Subjekte, und zugleich die Zeitangabe am Anfang,
die den bösen Schein beseitigen soll, als hätten die Frauen wohl gar
am Sabbat eingekauft. Wenn nun damit die notwendige Harmonie
zwischen 16, 1 und 15, 47 hergestellt ist und das wahre Subjekt
beiderorts die beiden Marien sind, so tritt jedoch die Verschiedenheit
der Angabe in 15, 40 um so stärker hervor. Ein Redaktor vereinigt dort die Varianten Maria Josetis und Maria Jacobi in der Weise,
daß er in den Genitiven nicht Patronyme, sondern Namen der Söhne
erblickt. Zwei Väter konnte die andere Maria (wie sie bei Matthäus
heißt) nicht haben, wohl aber zwei Söhne; und nach diesen konnte
sie beliebig bald so bald so bezeichnet werden. Vgl. noch zu Joa
19, 25. 26. — Darauf, daß nach § 70 die Salbung nicht in Wirklichkeit,
sondern nur symbolisch vollzogen wird, ist bereits aufmerksam gemacht. Die Salbung einer bereits eingewickelten und beigesetzten
Leiche ist in der Tat ein kühner Gedanke der Frauen.

16, 3. Das Grab kann ein Seitengrab oder auch ein Senkgrab
sein; der Steinverschluß kommt bei beiden Formen vor. Vgl. Bux-
torf unter גוֹלֵל und דוֹפֵק, Musil, Arabia Petraea I 340 II 1, 50,
und Geiger in der DMZ 1872 p. 800.

16, 4. Der Stein ist abgewälzt — er war aber sehr groß. Damit
ist alles gesagt. Denn der A u f e r s t a n d e n e hat ihn abgewälzt,
indem er durch die verschlossene Tür durchbrach. Mc läßt die Auferstehung nur durch diese Wirkung erkennen, die man sah; er macht
nicht den geringsten Versuch, den Vorgang selber anschaulich zu be-
schreiben, den niemand sah. Das ist nicht nur bescheiden, sondern
auch fein, und eindrucksvoll für den, der auf Leises zu achten weiß.
Gleichwohl ist es der erste schüchterne Versuch, über die Erschei-
nungen des Auferstandenen in Galiläa hinauszugehn.

16, 5. 6. Die Frauen sehen nur den Stein und den Jüngling, der
ihnen erklärt, was für eine Bewandtnis es damit hat. Die Auferstehung gehört schon der Vergangenheit an, die Zeitangabe, Sonntags
beim Morgengrauen, gilt nicht für sie. Doch liegt es nahe anzunehmen,
daß auch sie am dritten Tage geschehen sein soll. Dieser Termin
stimmt zu Matthäus und Lukas, weicht aber ab von dem bei Mc
sonst angegebenen: nach drei Tagen; vgl. zu 8, 31.

16, 7. Die Frauen erhalten zwar die erste authentische Kunde
von dem Auferstandenen, das erste Sehen seiner sichtbarlichen Erscheinung wird aber Petrus und den Jüngern vorbehalten, und zwar
geschieht es in Galiläa. Das stimmt mit der Weissagung 14, 28, auf
die der Engel verweist. Aber in dem Zusammenhang von 14, 28
fliehen die Jünger voll Furcht aus Jerusalem nach Galiläa. Hier dagegen kann man nur mit Matthäus verstehn, daß sie erst nach der
Auferstehung auf ausdrückliche, den Frauen von dem Engel auf-
gegebene Bestellung nach Galiläa gehn, eben zu dem Zweck, um den
Auferstandenen dort zu sehen. Die schimpfliche Flucht der Jünger
aus Jerusalem wird also beseitigt und der Übergang gemacht zu der
Vorstellung, die später, namentlich in der Apostelgeschichte, herr-
schend geworden ist und schließlich dazu geführt hat, die Apostel
überhaupt in Jerusalem bleiben zu lassen. Das ist bedenklich. Dazu
kommt noch, daß die Frauen nach 16, 8 keinem etwas sagen, also
auch den Jüngern nicht. Vor denen brauchten sie sich doch nicht
zu fürchten und andererseits durften sie den Auftrag des Engels nicht
in den Wind schlagen. Demnach scheint es, daß der Vers 16, 7 nicht
zum alten Bestande gehört.

16, 8 soll erklären, daß dieser Auferstehungsbericht der Frauen
erst nachträglich bekannt wurde. Paulus weiß in der Tat noch
nichts davon.

Mit 16, 8 endet das Evangelium Marci. Die meisten Ausleger sind damit nicht zufrieden und nehmen an, daß der Verfasser an der Vollendung seiner Schrift verhindert oder daß ursprünglich noch mehr gefolgt sei, was später aus irgend welchen Gründen der Zensur zum Opfer fiel. Sie haben 16, 4 nicht verstanden. Es fehlt nichts; es wäre schade, wenn noch etwas hinterher käme.

Auch die drei übrigen Evangelien, Matthäus Lukas und Johannes, lassen erkennen, daß Mc 16, 1—8 der Schluß der alten evangelischen Erzählung gewesen ist.

www.ingramcontent.com/pod-product-compliance
Lightning Source LLC
Chambersburg PA
CBHW071812090426
42737CB00012B/2047